우리말의
특급 비밀,

# 맞춤법
## 따라쓰기

어린이 따라 쓰기 시리즈 8

**지은이** 장은주, 김정혜
**그린이** 류은형
**펴낸이** 정규도
**펴낸곳** (주)다락원

**초판 1쇄 발행** 2017년 6월 19일
**초판 4쇄 발행** 2024년 4월 8일

**편집** 김영아
**디자인** All Contents Group

**다락원** 경기도 파주시 문발로 211
**내용문의** 02)736-2031 내선 275
**구입문의** 02)736-2031 내선 250~252
**FAX** 02)732-2037
**출판등록** 1977년 9월 16일 제406-2008-000007호

**ISBN** 978-89-277-4653-9 64700
        978-89-277-4627-0 64080(set)

**http://www.darakwon.co.kr**
다락원 홈페이지를 통해 인터넷 주문을 하시면 자세한 정보와 함께 다양한 혜택을 받으실 수 있습니다.

# 우리말의 특급 비밀, 맞춤법 따라쓰기

장은주, 김정혜 지음

다락원

## 올바른 한글 사용은 기본을 지키는 일입니다.

"**낭떨어지**에서 떨어지다.",
"**낭떠러지**에서 떨어지다."

어느 것이 맞는 문장일까요?

낭떠러지의 '떠러지'가 '떨어지다'를 생각나게 해서 '낭떨어지'가 맞는 표현이라고
생각하는 아이들이 많습니다. 그렇지만 '낭떠러지'가 바른 표현이지요.

이처럼 아이들이 써서 제출하는 글을 읽어 보면 맞춤법에 어긋나는 말이 생각보다
많습니다. 이것은 아이들의 학습 능력과는 크게 상관없이 대부분의 글에서 나타나는
현상입니다. 특히 일상적으로 인터넷을 사용하면서 맞춤법이 틀리더라도 의사소통할 수
있다면 문제 되지 않는다고 생각하는 경우가 많습니다. 이러한 현상 때문에 모든 사람이
보는 기사나 공용문서에서조차도 맞춤법에 맞지 않는 말을 사용하는 경우가 더러
있습니다. 그러나 맞춤법은 한글의 가장 기본입니다. 맞춤법을 바로 사용하지 않는
현상이 계속되면 결국 의사소통에도 문제가 생길 수 있습니다.

이 책에는 우리가 틀려도 쉽게 넘어가는, 또는 너무 헷갈려서 그냥 쓰는,
자주 사용하지만 자주 틀리는 맞춤법에 대한 내용이 들어 있습니다.
올바른 한글 사용은 기본을 지키는 일입니다. 기본을 지키는, 우리말을 바르게 사용하는
어린이가 될 수 있도록 이 책이 좋은 안내서가 되길 바랍니다.

지은이 **장은주, 김정혜**

# 이렇게 활용하세요!

★ 해당 단어를 사용하는
실생활 속 상황을
재미있는 그림과 함께
만나 봅니다.

★ 헷갈리는 단어와
구별하여 맞춤법에
맞는 단어를 직접
쓰면서 익힙니다.

★ 어렵게 느껴지는 문법 지식을 어린이 눈높이로
쉽게 풀어내어 설명해 줍니다.

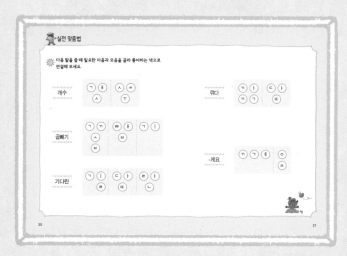

★ 해당 단어를 자음과 모음으로
나누어 보면서 실수하기 쉬운
부분을 다시 한번 짚어 봅니다.

# 차례

## 하 나 소리가 비슷해서 틀리는 말

# 둘 모양이 비슷해서 헷갈리는 말

하나

# 소리가 비슷해서
# 틀리는 말

찌개 며칠

싹 둑　깎 다

등 곳 길

담 그 다

온 갖

눈 곱

베 개

**✕ 갯수**  **○ 개수**

너 부엌에서 뭐 하고 있니?

설거지할 그릇의 개수를 세고 있어요. 그릇 개수마다 500원씩 용돈 주시기로 하셨잖아요. 헤헤.

한 개, 두 개, 세 개… 이렇게 수를 셀 때, 개수를 세어 본다고 해. 발음할 때는 [개쑤]라고 하므로 '갯수'라고 'ㅅ'을 더하여 적기 쉽지만, '개수'가 바른 맞춤법이야. 개수는 '개(個 : 낱개 개)'와 '수(數 : 셀 수)'를 합쳐서 만든 단어야. 이렇게 한자와 한자가 만나서 새로운 한 단어를 만들 때는 'ㅅ'을 더하여 적지 않는 것이 원칙이야. 물론 예외도 있지만.

**알맞은 것끼리 선으로 이어 보세요.**

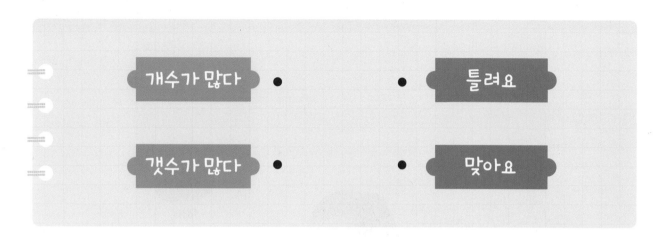

개수가 많다 •          • 틀려요

갯수가 많다 •          • 맞아요

 **바르게 따라 써 보세요.**

| 개 | 수 |
|---|---|
| 개 | 수 |
|   |   |
|   |   |

| 줄 | 넘 | 기 | 를 |   | 넘 | 은 |   | 개 | 수 |
|---|---|---|---|---|---|---|---|---|---|
| 줄 | 넘 | 기 | 를 |   | 넘 | 은 |   | 개 | 수 |
|   |   |   |   |   |   |   |   |   |   |
|   |   |   |   |   |   |   |   |   |   |

| 사 | 탕 | 의 |   | 개 | 수 | 를 |   | 세 | 어 |   | 보 | 자 | . |
|---|---|---|---|---|---|---|---|---|---|---|---|---|---|
| 사 | 탕 | 의 |   | 개 | 수 | 를 |   | 세 | 어 |   | 보 | 자 | . |
|   |   |   |   |   |   |   |   |   |   |   |   |   |   |
|   |   |   |   |   |   |   |   |   |   |   |   |   |   |

곱배기 ✗   곱빼기 ◎

일요일은 우리 가족
중국집 가는 날!
엄마, 저는 짜장면 곱빼기요!

**차림표**

| | |
|---|---|
| 짜장면 | 5,000 |
| 짜장면 곱빼기 | 7,000 |
| 짬뽕 | 5,000 |
| 짬뽕 곱빼기 | 7,000 |
| 탕수육 소 | 10,000 |
| 탕수육 대 | 15,000 |

'–빼기'는 '어떠한 특성이 있는 사람이나 물건'이라는 뜻이 있어.
'곱'은 '곱셈'에서 쓰이듯이 같은 수를 거듭하여 더하는 거야.
'곱'과 '빼기'를 합친 '곱빼기'는 두 사람 몫의 음식을 한 그릇에 담은 양을 말해.
이렇게 두 단어가 합쳐질 때 [빼기]라고 발음 나는 것들은 '빼기'라고 적어.
그런데 '뚝배기'는 왜 '뚝빼기'라고 쓰지 않을까?
뚝배기는 '뚝'과 '배기'가 합쳐져서 만들어진 글자가 아니고,
뚝배기 자체로 한 단어이니까 '뚝배기'라고 쓰는 것이 옳아.

**알맞은 것끼리 선으로 이어 보세요.**

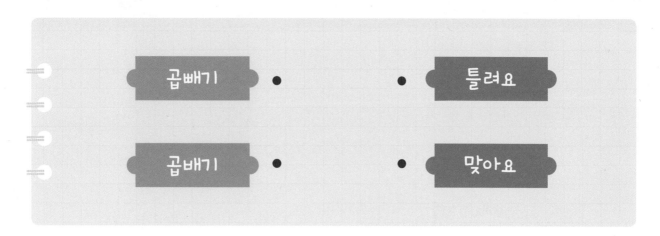

곱빼기 •          • 틀려요

곱배기 •          • 맞아요

 **바르게 따라 써 보세요.**

| 곱 | 빼 | 기 | | 짜 | 장 | 면 | | 곱 | 빼 | 기 |
|---|---|---|---|---|---|---|---|---|---|---|
| 곱 | 빼 | 기 | | 짜 | 장 | 면 | | 곱 | 빼 | 기 |
| | | | | | | | | | | |
| | | | | | | | | | | |

| 뚝 | 배 | 기 | 에 | | 곱 | 빼 | 기 | 로 | | 담 | 아 | 요 | . |
|---|---|---|---|---|---|---|---|---|---|---|---|---|---|
| 뚝 | 배 | 기 | 에 | | 곱 | 빼 | 기 | 로 | | 담 | 아 | 요 | . |
| | | | | | | | | | | | | | |
| | | | | | | | | | | | | | |

길다란 ✗    기다란 ○

코끼리는 정말 기다란 코를 가졌지? 고무호스처럼 기다랗네!

응, 그리고 바다코끼리는 정말 기다란 이를 가졌어!

'길다란'이란 단어를 사용하기 위해서는 '길다랗다'라는 말이 있어야 해.
그런데 '길다랗다'라는 말은 없어. '기다랗다'가 맞는 말이야.
그러니 '기다란'이 맞는 표현이지.

**길다랗다** ✗ ⇨ **길다란** ✗
**기다랗다** ○ ⇨ **기다란** ○

**알맞은 단어에 O를 표시해 보세요.**

♥ 기린은 (길다란 / 기다란) 목을 가지고 있다.

♥ 엄마의 치맛자락이 (기다랗다 / 길다랗다).

♥ (기다란 / 길다란) 화병에 꽃이 꽂혀 있다.

 **바르게 따라 써 보세요.**

| 기 | 다 | 란 | | 손 | 가 | 락 | 이 | | 기 | 다 | 랗 | 다 | . |
| 기 | 다 | 란 | | 손 | 가 | 락 | 이 | | 기 | 다 | 랗 | 다 | . |
| | | | | | | | | | | | | | |
| | | | | | | | | | | | | | |

| 기 | 다 | 란 | | 다 | 리 | 를 | | 건 | 너 | 서 | | 가 | . |
| 기 | 다 | 란 | | 다 | 리 | 를 | | 건 | 너 | 서 | | 가 | . |
| | | | | | | | | | | | | | |
| | | | | | | | | | | | | | |

깍다 ✕

깎다 ⭕

아, 어제
엄마가 사과 값을 많이
깎아서 샀다고
좋아하셨는데. 맛있겠다!

미용실에서
머리를 정말 잘
깎아 주셨어요!

그래, 깔끔해졌구나!
아빠가 사과
좀 깎아 봤는데
먹을래?

우리는 종종 '깍다'라고 잘못 사용하지만 '깎다'가 맞는 표현이야.
'머리를 깎다', '사과를 깎다'나 '물건 값을 깎다'라고도 써.

**알맞게 선을 이어 문장을 완성해 보세요.**

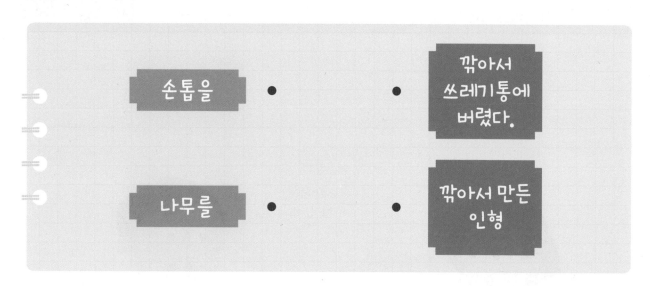

손톱을 •

나무를 •

• 깎아서 쓰레기통에 버렸다.

• 깎아서 만든 인형

**바르게 따라 써 보세요.**

| 깎 | 다 |
| --- | --- |
| 깎 | 다 |
| | |
| | |

| 연 | 필 | 을 | | 깎 | 다 | . |
| --- | --- | --- | --- | --- | --- | --- |
| 연 | 필 | 을 | | 깎 | 다 | . |
| | | | | | | |
| | | | | | | |

| 나 | 는 | | 어 | 제 | | 머 | 리 | 를 | | 깎 | 았 | 다 | . |
| --- | --- | --- | --- | --- | --- | --- | --- | --- | --- | --- | --- | --- | --- |
| 나 | 는 | | 어 | 제 | | 머 | 리 | 를 | | 깎 | 았 | 다 | . |
| | | | | | | | | | | | | | |
| | | | | | | | | | | | | | |

X -께요

O -게요

우리 아들,
다 컸네!

엄마! 아빠!
그동안 키워 주셔서
감사합니다.
앞으로도 부모님 말씀 잘 듣고
공부도 열심히 할게요.
게임도 줄이고
책 많이 읽을게요.

'할게요'를 읽으면 [할께요]로 발음되지.
'게요' 앞에 있는 'ㄹ' 때문에 [께요]로 발음되는 거야.
'먹을게요', '마실게요'도 읽을 때는 [머글께요], [마실께요]로 발음해.
읽을 때는 [께요]지만, 쓸 때는 '게요'로 써야 해.
비슷한 경우로 '할게', '할 거야', '할수록'도 앞의 'ㄹ' 때문에
읽을 때는 [할께], [할 꺼야], [할쑤록]으로 발음해.

**알맞은 단어에 ○를 표시해 보세요.**

♥ 앞으로 열심히 노력(할께요 / 할게요).

♥ 조금 있다가 (마실께요 / 마실게요).

♥ 생각(할수록 / 할쑤록) 화가 난다.

 **바르게 따라 써 보세요.**

| 먹 | 을 | 게 | 요 |
|---|---|---|---|
| 먹 | 을 | 게 | 요 |
| | | | |
| | | | |

| 스 | 스 | 로 | | 할 | 게 | 요 | . |
|---|---|---|---|---|---|---|---|
| 스 | 스 | 로 | | 할 | 게 | 요 | . |
| | | | | | | | |
| | | | | | | | |

| 밥 | | 먹 | 고 | | 나 | 서 | | 숙 | 제 | 할 | 게 | 요 | . |
|---|---|---|---|---|---|---|---|---|---|---|---|---|---|
| 밥 | | 먹 | 고 | | 나 | 서 | | 숙 | 제 | 할 | 게 | 요 | . |
| | | | | | | | | | | | | | |
| | | | | | | | | | | | | | |

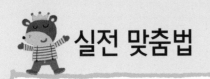 

 다음 말을 쓸 때 필요한 자음과 모음을 골라 좋아하는 색으로
연결해 보세요.

개수

곱빼기

기다란

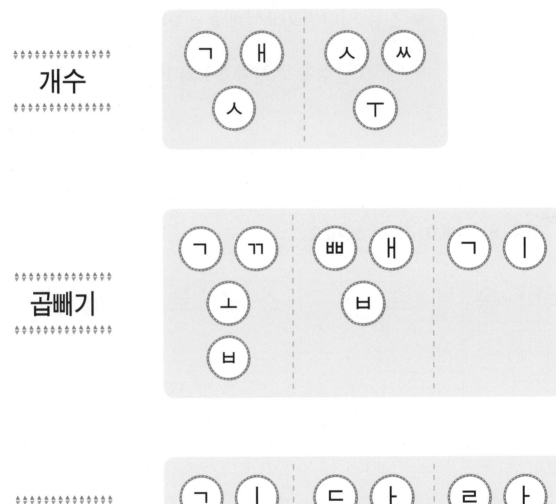

깎다
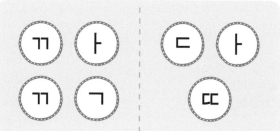

-게요

21

꼼꼼이 ✕  **꼼꼼히** ○

선물 포장하는 것 좀 도와줘.

포장지가 떨어지지 않도록 꼼꼼히 테이프를 붙여. 마지막으로 리본을 붙이면 마침내 완성!

'급하다', '엄격하다', '꼼꼼하다'처럼 뒤에 '–하다'가 붙는 단어의 모양을 바꿀 때 뒤에 '–히'가 붙어. '급히', '엄격히', '꼼꼼히'처럼 말이야. 그런데 '깨끗하다'는 뒤에 '–하다'가 붙는데도 '깨끗이'가 맞는 표현이야. '깨끗이'처럼 끝소리가 분명히 [이]로 나는 경우에는 '깨끗이'라고 써. 그럼 '–이'는 언제 붙이는 걸까? '깊숙이', '끔찍이', '멀찍이', '수북이'처럼 'ㄱ' 받침으로 끝날 때는 '–이'가 붙어.

**틀린 부분을 알맞게 고쳐 보세요.**

♥ 포장지로 상자를 꼼꼼이 감싸요.

⇨ _____

♥ 포장지가 떨어지지 않도록 꼼꼼이 테이프를 붙여요.

⇨ _____

 **바르게 따라 써 보세요.**

| 꼼 | 꼼 | 히 |
|---|---|---|
| 꼼 | 꼼 | 히 |
| | | |
| | | |

| 더 | | 꼼 | 꼼 | 히 | | 씻 | 어 | 요 | . |
|---|---|---|---|---|---|---|---|---|---|
| 더 | | 꼼 | 꼼 | 히 | | 씻 | 어 | 요 | . |
| | | | | | | | | | |
| | | | | | | | | | |

| 꼼 | 꼼 | 히 | | 보 | 고 | | 깨 | 끗 | 이 | | 닦 | 자 | . |
|---|---|---|---|---|---|---|---|---|---|---|---|---|---|
| 꼼 | 꼼 | 히 | | 보 | 고 | | 깨 | 끗 | 이 | | 닦 | 자 | . |
| | | | | | | | | | | | | | |
| | | | | | | | | | | | | | |

나갈려면 ❌  나가려면 ⭕

<우리 반 약속 - 점심시간>

1. 급식을 먹으려면 먼저 손을 씻고 오세요.

2. 건강한 치아를 지키려면 식후 3분 내에 꼭 양치질을 해요.

3. 다 먹은 후 운동장에 나가려면 식판을 깨끗이 정리해요.

휴, 약속을 지키려면
해야 할 게
엄청 많구나!

두 문장을 이어서 미래에 일어날 일을 가정할 때
'–려면'이나 '–으려면'을 써. '–려면'이나 '–으려면'은
'어떤 뜻을 실제로 이루어지게 하고 싶다면'이라는 뜻이야.
예를 들어 '운동장에 나가다'와 '식판을 정리하다'라는 두 문장을 이으면,
'정말로 운동장에 나가고 싶다면'의 뜻이 들어가서
'운동장에 나가려면 식판을 정리해요'라고 쓸 수 있는 거야.

알맞은 단어에 O를 표시해 보세요.

♥ 급식을 (먹을려면 / 먹으려면) 먼저 손을 씻고 오세요.

♥ 운동장에 (나가려면 / 나갈려면) 식판을 깨끗하게 정리하세요.

 바르게 따라 써 보세요.

| 먹 | 으 | 려 | 면 |
|---|---|---|---|
| 먹 | 으 | 려 | 면 |
| | | | |
| | | | |

| 나 | 가 | 려 | 면 |
|---|---|---|---|
| 나 | 가 | 려 | 면 |
| | | | |
| | | | |

| 지 | 키 | 려 | 면 |
|---|---|---|---|
| 지 | 키 | 려 | 면 |
| | | | |
| | | | |

| 밥 | 을 | | 먹 | 으 | 려 | 면 | | 손 | 을 | | 씻 | 자 | . |
|---|---|---|---|---|---|---|---|---|---|---|---|---|---|
| 밥 | 을 | | 먹 | 으 | 려 | 면 | | 손 | 을 | | 씻 | 자 | . |
| | | | | | | | | | | | | | |
| | | | | | | | | | | | | | |

❌ 날라가다    ⭕ 날아가다

짐을 다 날랐다. 이제 좀 쉬자.

아빠, 저기 날아가는 철새 좀 보세요. 새들은 이삿짐이 없어서 참 좋겠다. 그렇죠?

비행기는 '날라가지' 않아. '날아가지'!
'공중으로 날며 가다', '빠르게 움직여 가다', 또는
'가지고 있던 것이 없어지거나 떨어지다'의 의미로 사용할 때,
'날아가다'를 써. '모자가 바람에 날아가다', '비행기가 날아가다',
'컴퓨터 파일이 모두 날아갔다' 등으로 쓸 수 있어.

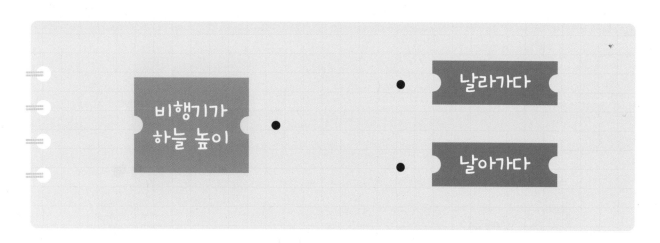

 바르게 따라 써 보세요.

| 날 | 아 | 가 | 다 |
|---|---|---|---|
| 날 | 아 | 가 | 다 |
| | | | |
| | | | |

| 날 | 아 | 가 | 는 | | 풍 | 선 |
|---|---|---|---|---|---|---|
| 날 | 아 | 가 | 는 | | 풍 | 선 |
| | | | | | | |
| | | | | | | |

| 스 | 카 | 프 | 가 | | 바 | 람 | 에 | | 날 | 아 | 가 | 다 | . |
|---|---|---|---|---|---|---|---|---|---|---|---|---|---|
| 스 | 카 | 프 | 가 | | 바 | 람 | 에 | | 날 | 아 | 가 | 다 | . |
| | | | | | | | | | | | | | |
| | | | | | | | | | | | | | |

27

# 낭떨어지 ✗   낭떠러지 ○

○○○○년 ○○월 ○○일 날씨: 구름조금

## 제목: 낭떠러지에서 떨어지는 꿈

책을 읽다가 나도 모르게 잠이 들었는데 낭떠러지에서 떨어지는
꿈을 꿨다. 낭떠러지 근처에서 놀다가 발을 헛디뎌서 떨어진 것이다.
나는 너무 놀라 소리를 지르며 잠에서 깼다.

엄마가 깜짝 놀라 나에게 왜 그러냐고 물으셨다.
낭떠러지에서 떨어지는 꿈을 꾸었다고 했더니
엄마가 웃으면서 말씀하셨다.

"낭떠러지에서 떨어지는 꿈을 꾸면 키가 큰다고 하더라."

나는 키가 커진 내 모습을 상상해 보고 히죽히죽 웃었다.

'깎아지른 듯한 절벽'을 '낭떠러지'라고 해.
낭떠러지의 '떠러지'가 '떨어지다'를 생각나게 해서
'낭떨어지'라고 잘못 쓰기도 하는데 조심해야 해.
낭떠러지와 비슷하게 쓰이는 말 중에는 '절벽', '벼랑' 등이 있어.

**알맞은 것끼리 선으로 이어 보세요.**

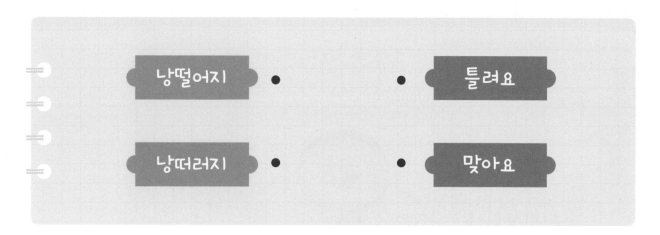

낭떨어지 •     • 틀려요

낭떠러지 •     • 맞아요

 **바르게 따라 써 보세요.**

| 낭 | 떠 | 러 | 지 |
|---|---|---|---|
| 낭 | 떠 | 러 | 지 |
| | | | |
| | | | |

| 가 | 파 | 른 | | 낭 | 떠 | 러 | 지 |
|---|---|---|---|---|---|---|---|
| 가 | 파 | 른 | | 낭 | 떠 | 러 | 지 |
| | | | | | | | |
| | | | | | | | |

| 돌 | 이 | | 낭 | 떠 | 러 | 지 | 로 | | 굴 | 러 | 갔 | 다 | . |
|---|---|---|---|---|---|---|---|---|---|---|---|---|---|
| 돌 | 이 | | 낭 | 떠 | 러 | 지 | 로 | | 굴 | 러 | 갔 | 다 | . |
| | | | | | | | | | | | | | |
| | | | | | | | | | | | | | |

## 넙적하다 ✗  넓적하다 ⭕

아빠 생신 선물로 내가 직접 칼국수를 만들어 드리고 싶어. 너 칼국수 어떻게 만드는 줄 아니?

당연하지! 내가 적어 줄게.

**칼국수 만드는 법**

1. 밀가루에 소금을 조금 넣는다.
2. 물을 넣고 반죽한다.
3. 밀대로 넓적하게 민다.
4. 넓적하게 민 반죽 위에 밀가루를 뿌린 뒤 접어서 가늘게 썬다.
5. 끓는 육수에 조심히 면을 넣는다.
...

얇으면서 꽤 넓은 모양을 나타낼 때 '넓적하다'라고 써.
'넓적하다'를 발음하면 [넙쩌카다]로 'ㅂ' 받침인 소리가 나.
그래서 친구들이 '넙적하다'로 착각을 많이 해.
'넓적하다'의 '넓'을 보니 '넓다'가 떠오르지? '넓적하다'는 넓은 모양과
관련이 있으니 '넓다'와 연관 지어서 기억하면 좋아.

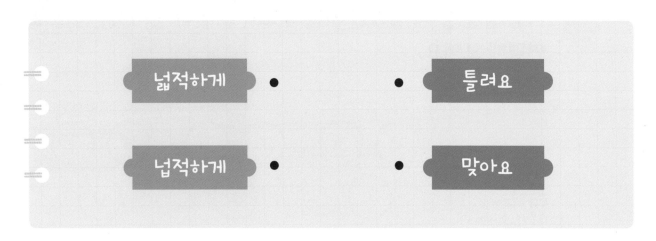

넓적하게 •          • 틀려요

넙적하게 •          • 맞아요

 바르게 따라 써 보세요.

| 넓 | 적 | 하 | 다 |
|---|---|---|---|
| 넓 | 적 | 하 | 다 |
| | | | |
| | | | |

| 넓 | 적 | 한 | | 손 | 톱 |
|---|---|---|---|---|---|
| 넓 | 적 | 한 | | 손 | 톱 |
| | | | | | |
| | | | | | |

| 넓 | 적 | 한 | | 그 | 릇 | 에 | | 담 | 은 | | 칼 | 국 | 수 |
|---|---|---|---|---|---|---|---|---|---|---|---|---|---|
| 넓 | 적 | 한 | | 그 | 릇 | 에 | | 담 | 은 | | 칼 | 국 | 수 |
| | | | | | | | | | | | | | |
| | | | | | | | | | | | | | |

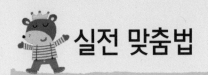

 다음 말을 쓸 때 필요한 자음과 모음을 골라 좋아하는 색으로 연결해 보세요.

꼼꼼히

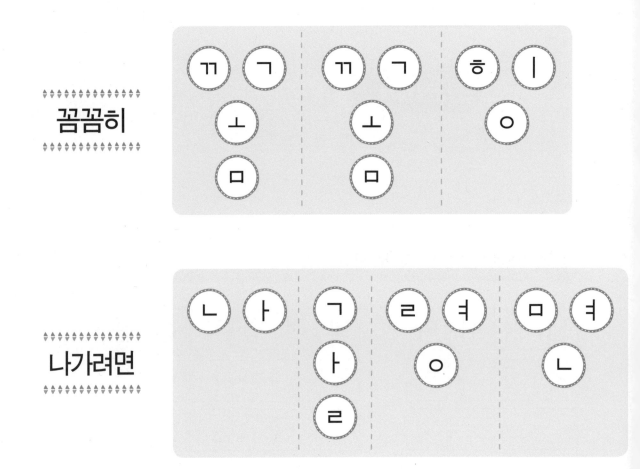

나가려면

날아가다

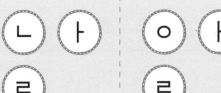

낭떠러지

| ㄴ | ㅏ | | ㄸ | ㅓ |
| ㅇ | | | ㄹ | |

| ㅇ | ㅓ | | ㅈ | ㅣ |
| ㄹ | | | | |

넓적하다

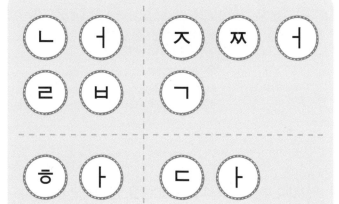

| ㄴ | ㅓ | | ㅈ | ㅉ | ㅓ |
| ㄹ | ㅂ | | ㄱ | | |

| ㅎ | ㅏ | | ㄷ | ㅏ |

눈꼽 ✕

눈곱 ○

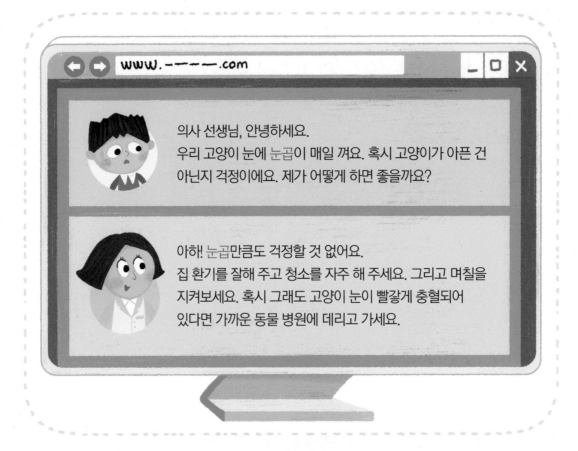

www.—~~.com

의사 선생님, 안녕하세요.
우리 고양이 눈에 눈곱이 매일 껴요. 혹시 고양이가 아픈 건 아닌지 걱정이에요. 제가 어떻게 하면 좋을까요?

아하! 눈곱만큼도 걱정할 것 없어요.
집 환기를 잘해 주고 청소를 자주 해 주세요. 그리고 며칠을 지켜보세요. 혹시 그래도 고양이 눈이 빨갛게 충혈되어 있다면 가까운 동물 병원에 데리고 가세요.

상처나 부스럼에서 나오는 고름을 '곱'이라고 해. 눈이 아플 때 나오는 고름은 '눈'과 '곱'을 합쳐서 '눈곱'이라고 하지. '눈+곱'처럼 두 단어가 만났을 때는 소리 나는 대로 적지 않고 각각의 원래 모양을 밝혀서 적어야 해. '눈동자'도 [눈똥자]라고 발음하지만 '눈동자'라고 쓰듯이, '눈곱'도 [눈꼽]이라고 발음하지만 '눈곱'이라고 써야 해. 참고로 눈곱은 아주 적거나 작은 것을 나타낼 때 사용하기도 해.

알맞은 것끼리 선으로 이어 보세요.

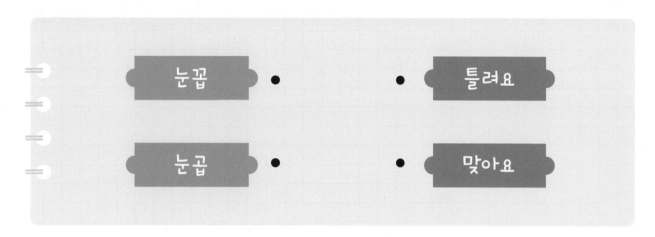

| 눈꼽 | • | • | 틀려요 |
| 눈곱 | • | • | 맞아요 |

바르게 따라 써 보세요.

| 눈 | 곱 |
| 눈 | 곱 |
|  |  |
|  |  |

| 눈 | 곱 | 을 |  | 떼 | 어 |  | 내 | 다 | . |
| 눈 | 곱 | 을 |  | 떼 | 어 |  | 내 | 다 | . |
|  |  |  |  |  |  |  |  |  |  |
|  |  |  |  |  |  |  |  |  |  |

| 세 | 수 | 하 | 면 | 서 |  | 눈 | 곱 | 을 |  | 닦 | 아 | 요 | . |
| 세 | 수 | 하 | 면 | 서 |  | 눈 | 곱 | 을 |  | 닦 | 아 | 요 | . |
|  |  |  |  |  |  |  |  |  |  |  |  |  |  |
|  |  |  |  |  |  |  |  |  |  |  |  |  |  |

담구다 X  담그다 O

엄마도 같이 와서 계곡물에 발 담그면 좋을 텐데.

그래도 엄마가 직접 담근 김치로 김밥을 만들어 줬잖아. 엄마도 매우 아쉬울 거야.

'김치를 담구다'는 틀린 표현이야. '김치를 담그다'라고 써야 해.
'담그다'는 '김치를 담그다' 이외에도 '계곡물에 손을 담그다',
'바다에 풍덩 하고 몸을 담그다'처럼 액체 속에
무엇을 넣을 때도 쓰는 표현이야.

김치 담구는 날 •          • 틀려요

김치 담그는 날 •          • 맞아요

 바르게 따라 써 보세요.

| 담 | 그 | 다 |
|---|---|---|
| 담 | 그 | 다 |
| | | |
| | | |

| 된 | 장 | 을 | | 담 | 가 | | 두 | 다 | . |
|---|---|---|---|---|---|---|---|---|---|
| 된 | 장 | 을 | | 담 | 가 | | 두 | 다 | . |
| | | | | | | | | | |
| | | | | | | | | | |

| 가 | 족 | | 모 | 두 | | 김 | 치 | 를 | | 담 | 그 | 다 | . |
|---|---|---|---|---|---|---|---|---|---|---|---|---|---|
| 가 | 족 | | 모 | 두 | | 김 | 치 | 를 | | 담 | 그 | 다 | . |
| | | | | | | | | | | | | | |
| | | | | | | | | | | | | | |

덥썩 ❌

덥석 ⭕

선생님, 서준이가 실수로 뜨거운 주전자를 덥석 잡았어요.

저런, 손이 데었네. 빨리 응급 치료하자!

물건 등을 급하게 잡거나 음식 등을 급하게 베어 물 때,
우리는 '덥석'이라는 표현을 사용해. '덥'의 'ㅂ' 받침 때문에 뒤에 나온
'석'이 [썩]으로 발음되어, 읽을 때는 [덥썩]이지만 '덥석'이라고 써야 해.
비슷한 예로 싹둑[싹뚝], 딱지[딱찌], 깍두기[깍뚜기], 국수[국쑤],
색시[색씨] 등이 있어.

**알맞은 단어에 ○를 표시해 보세요.**

♥ 너무 배가 고파 통닭을 (덥썩 / 덥석) 물었다.

♥ 가위로 종이를 (싹뚝 / 싹둑) 잘랐다.

♥ 오늘도 쉬는 시간에 (딱찌 / 딱지)를 가지고 놀았다.

 **바르게 따라 써 보세요.**

| 덥 | 석 | | 덥 | 석 | | 받 | 은 | | 생 | 일 | | 선 | 물 |
|---|---|---|---|---|---|---|---|---|---|---|---|---|---|
| 덥 | 석 | | 덥 | 석 | | 받 | 은 | | 생 | 일 | | 선 | 물 |
| | | | | | | | | | | | | | |
| | | | | | | | | | | | | | |

| 나 | 의 | | 손 | 목 | 을 | | 덥 | 석 | | 잡 | 았 | 다 | . |
|---|---|---|---|---|---|---|---|---|---|---|---|---|---|
| 나 | 의 | | 손 | 목 | 을 | | 덥 | 석 | | 잡 | 았 | 다 | . |
| | | | | | | | | | | | | | |
| | | | | | | | | | | | | | |

돼다 ✗

되다 ⭕

**나의 꿈**

난 아이돌 가수가 되고 싶어요.

내 동생은 스키 선수가 되고 싶대요.

나는 날마다 노래 연습을 해요.

동생은 엄마에게 스키 연습을 하러 나가겠다고 해요.

엄마가 하시는 말씀,

안 돼. 지금은 여름이잖니.

'돼'와 '되'는 발음이 비슷해서 발음만으로는 어떤 맞춤법이 맞는지 알 수 없어.
이럴 때는 '돼' 대신 '되어'를 넣어 자연스러운지 아닌지 판단하면 돼.
'되어'를 넣었을 때 자연스러우면 '돼'를 쓰고, 어색하면 '되'를 쓰면 돼.
또한 '안 되'는 틀린 표현이고, '안 돼'가 맞아. 문장을 끝맺을 땐
'되'가 올 수 없다고 기억하면 쉽겠지?

**알맞게 선을 이어 문장을 완성해 보세요.**

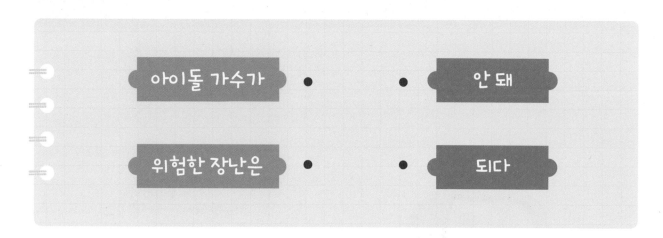

| 아이돌 가수가 | • | • | 안 돼 |
| 위험한 장난은 | • | • | 되다 |

 **바르게 따라 써 보세요.**

| 되 | 다 | | 반 | 장 | 이 | | 되 | 고 | | 싶 | 어 | 요 | . |
| 되 | 다 | | 반 | 장 | 이 | | 되 | 고 | | 싶 | 어 | 요 | . |
| | | | | | | | | | | | | | |
| | | | | | | | | | | | | | |

| 커 | 서 | | 훌 | 륭 | 한 | | 어 | 른 | 이 | | 돼 | 라 | . |
| 커 | 서 | | 훌 | 륭 | 한 | | 어 | 른 | 이 | | 돼 | 라 | . |
| | | | | | | | | | | | | | |
| | | | | | | | | | | | | | |

두루말이 ✕

두루마리 ◯

그럼 두루마리처럼
둘둘 말아서 어디든 갖고
다닐 수 있겠구나.

할머니,
조금만 있으면
두루마리 TV가
나온대요.

'말이'라는 말은 무엇을 돌돌 말았다는 뜻이 있어.
'달걀말이'는 '달걀＋말이'로 달걀을 돌돌 말아서 만든 음식을 말해.
마찬가지로 두루마리는 '두루＋말이'로 길게 이어진 종이나 휴지를 돌돌
말아 놓은 것을 말해. 예전에는 '두루말이'와 '두루마리'를 모두 사용했어.
그런데 '두루말이'보다 '두루마리'가 더 많이 쓰여서,
현재는 '두루마리'만 맞는 표현이야.

알맞은 단어에 ○를 표시해 보세요.

ㄱㄱㄱㄱㄱㄱ

♥ 마트에서 (두루말이 / 두루마리) 휴지를 샀다.

♥ 우리 엄마의 (달걀마리 / 달걀말이)는 맛있다.

 바르게 따라 써 보세요.

| 두 | 루 | 마 | 리 |
|---|---|---|---|
| 두 | 루 | 마 | 리 |
| | | | |
| | | | |

| 맛 | 있 | 는 | | 달 | 걀 | 말 | 이 |
|---|---|---|---|---|---|---|---|
| 맛 | 있 | 는 | | 달 | 걀 | 말 | 이 |
| | | | | | | | |
| | | | | | | | |

| 두 | 루 | 마 | 리 | | 휴 | 지 | 를 | | 사 | 용 | 한 | 다 | . |
|---|---|---|---|---|---|---|---|---|---|---|---|---|---|
| 두 | 루 | 마 | 리 | | 휴 | 지 | 를 | | 사 | 용 | 한 | 다 | . |
| | | | | | | | | | | | | | |
| | | | | | | | | | | | | | |

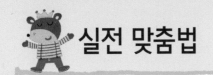 

 다음 말을 쓸 때 필요한 자음과 모음을 골라 좋아하는 색으로 연결해 보세요.

눈곱

ㄴ    ㄲ   ㄱ

ㅜ     ㅗ

ㄴ     ㅂ

담그다

ㄷ ㅏ    ㄱ    ㄷ ㅏ

ㅁ    ㅡ ㅜ

덥석

ㄷ ㅓ    ㅆ ㅅ ㅓ

ㅂ     ㄱ

되다

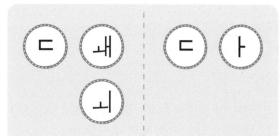

두루마리

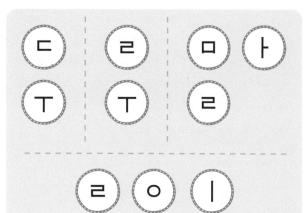

등교길 ✕    ⭕ 등곳길

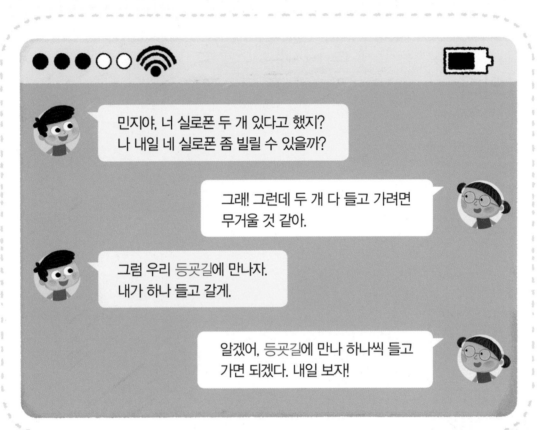

민지야, 너 실로폰 두 개 있다고 했지?
나 내일 네 실로폰 좀 빌릴 수 있을까?

그래! 그런데 두 개 다 들고 가려면
무거울 것 같아.

그럼 우리 등곳길에 만나자.
내가 하나 들고 갈게.

알겠어, 등곳길에 만나 하나씩 들고
가면 되겠다. 내일 보자!

'등교길'은 [등교낄]로 발음돼. 이렇게 '등교+길'처럼 두 단어가 합쳐질 때,
뒤에 있는 단어의 첫소리가 [낄]처럼 된소리로 발음되면
'ㅅ'을 받쳐서 써. 그래서 '등곳길'이라고 써야 해.
'쇠'와 '조각', 이 두 단어가 합쳐질 때도 [쇠쪼각]처럼 발음하니까
'ㅅ'을 넣어서 '쇳조각'으로 써야 해.

**알맞은 단어에 O를 표시해 보세요.**

♥ 우리 (등교길 / 등굣길)에 만나자.

♥ 놀이터에서 (쇠조각 / 쇳조각)을 밟지 않게 조심해요.

 **바르게 따라 써 보세요.**

| 등 | 굣 | 길 |
|---|---|---|
| 등 | 굣 | 길 |
| | | |
| | | |

| 개 | 나 | 리 | 가 | | 핀 | | 등 | 굣 | 길 |
|---|---|---|---|---|---|---|---|---|---|
| 개 | 나 | 리 | 가 | | 핀 | | 등 | 굣 | 길 |
| | | | | | | | | | |
| | | | | | | | | | |

| 등 | 굣 | 길 | 에 | | 만 | 난 | | 예 | 쁜 | | 고 | 양 | 이 |
|---|---|---|---|---|---|---|---|---|---|---|---|---|---|
| 등 | 굣 | 길 | 에 | | 만 | 난 | | 예 | 쁜 | | 고 | 양 | 이 |
| | | | | | | | | | | | | | |
| | | | | | | | | | | | | | |

✗ 몇 일

○ 며칠

---

○○○○년 ○○월 ○○일

**제목 : 며칠 전 태어난 귀여운 강아지**

우리 집 복실이가 며칠 전에 새끼를 낳았다.

귀여운 강아지는 아직 눈도 못 뜨고 엄마 젖만 먹는다.
강아지는 숨을 쉴 때마다 가슴이 올라갔다 내려갔다 하고
가끔씩은 몸을 바들바들 떨기도 한다. 엄마는 앞으로 며칠 더
기다려야 강아지가 눈을 뜰 수 있을 거라고 하셨다.

그날이 빨리 왔으면 좋겠다.

---

'몇 월'이라고 쓸 때는 '몇'을 써. 그래서 '며칠'과 '몇 일'이 헷갈리지.
'며칠'만 맞는 단어야. 오늘이 몇 월 며칠인지 생각해 보면서,
'며칠'을 꼭 기억해 두자!

**알맞게 선을 이어 문장을 완성해 보세요.**

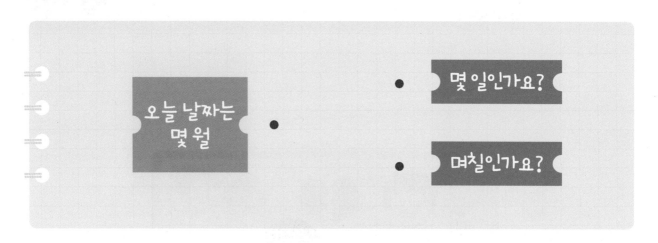

오늘 날짜는 몇월 · · 몇 일인가요?

· 며칠인가요?

 **바르게 따라 써 보세요.**

| 며 | 칠 |  | 며 | 칠 | 만 |  | 있 | 으 | 면 |  | 된 | 다 | . |
|---|---|---|---|---|---|---|---|---|---|---|---|---|---|
| 며 | 칠 |  | 며 | 칠 | 만 |  | 있 | 으 | 면 |  | 된 | 다 | . |
|  |  |  |  |  |  |  |  |  |  |  |  |  |  |
|  |  |  |  |  |  |  |  |  |  |  |  |  |  |

| 며 | 칠 |  | 전 | 에 |  | 우 | 연 | 히 |  | 만 | 났 | 다 | . |
|---|---|---|---|---|---|---|---|---|---|---|---|---|---|
| 며 | 칠 |  | 전 | 에 |  | 우 | 연 | 히 |  | 만 | 났 | 다 | . |
|  |  |  |  |  |  |  |  |  |  |  |  |  |  |
|  |  |  |  |  |  |  |  |  |  |  |  |  |  |

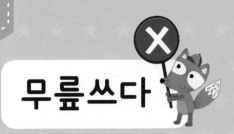

# 무릎쓰다 ✕   무릅쓰다 ⭕

나도 저런 상황이라면 정말 힘들 거 같아.

우리 엄마 아빠도 할아버지 반대를 무릅쓰고 결혼하셨어.

'실례를 무릅쓰다', '위험을 무릅쓰다' 등 힘들고
어려운 일을 참고 견딜 때, '무릅쓰다'라는 단어를 사용해.
그런데 종종 '무릅쓰다'를 '무릎쓰다'로 잘못 쓰는 때가 있어.
'무릅쓰다'의 '무릅'은 신체 일부인 '무릎'과 전혀 상관이 없어.

부끄러움을
무릎쓰다 •

• 틀려요

부끄러움을
무릅쓰다 •

• 맞아요

 바르게 따라 써 보세요.

| 무 | 릅 | 쓰 | 다 |
| 무 | 릅 | 쓰 | 다 |
|  |  |  |  |
|  |  |  |  |

| 추 | 위 | 를 |  | 무 | 릅 | 쓰 | 다 | . |
| 추 | 위 | 를 |  | 무 | 릅 | 쓰 | 다 | . |
|  |  |  |  |  |  |  |  |  |
|  |  |  |  |  |  |  |  |  |

| 창 | 피 | 함 | 을 |  | 무 | 릅 | 쓰 | 고 |  | 말 | 했 | 다 | . |
| 창 | 피 | 함 | 을 |  | 무 | 릅 | 쓰 | 고 |  | 말 | 했 | 다 | . |
|  |  |  |  |  |  |  |  |  |  |  |  |  |  |
|  |  |  |  |  |  |  |  |  |  |  |  |  |  |

베게 ✕

베개 ⭕

"좋은 베개란 반드시 비싼 소재를 사용한 고가의 베개를 말하는 것이 아니라, 본인에게 맞는 베개를 의미합니다."

그렇구나.
베개가 정말
중요한가보다.

누울 때 머리 아래에 무엇인가 받치는 것을 '베다'라고 해.
그리고 '그런 행동을 하게 하는 간단한 도구'라는 뜻으로 뒤에 '개'를 붙여.
예를 들어 날게 하는 도구는 '날개', 덮을 수 있는 도구는 '덮개',
지울 수 있는 도구는 '지우개'처럼 말이야.
그러니까 벨 수 있는 도구라서 '베개'인 거야.

**밑줄 친 부분을 바르게 고쳐 보세요.**

♥ 그래, 우리 파자마 파티할 때 <u>베게</u> 싸움도 하자.

⇨ _____

♥ <u>베게</u> 싸움? 너무 재밌겠다.

⇨ _____

**바르게 따라 써 보세요.**

| 베 | 개 |  | 높 | 은 |  | 베 | 개 | 는 |  | 싫 | 어 | 요 | . |
|---|---|---|---|---|---|---|---|---|---|---|---|---|---|
| 베 | 개 |  | 높 | 은 |  | 베 | 개 | 는 |  | 싫 | 어 | 요 | . |
|  |  |  |  |  |  |  |  |  |  |  |  |  |  |
|  |  |  |  |  |  |  |  |  |  |  |  |  |  |

| 베 | 개 |  | 싸 | 움 | 은 |  | 참 |  | 재 | 미 | 있 | 다 | . |
|---|---|---|---|---|---|---|---|---|---|---|---|---|---|
| 베 | 개 |  | 싸 | 움 | 은 |  | 참 |  | 재 | 미 | 있 | 다 | . |
|  |  |  |  |  |  |  |  |  |  |  |  |  |  |
|  |  |  |  |  |  |  |  |  |  |  |  |  |  |

비로서 ✕　　비로소 ⭕

〇〇〇〇년 〇〇월 〇〇일

제목 : 선생님 말씀을 잘 듣자

새 학기부터 마음먹고 수학 예습을 시작했다.
하지만 도무지 무슨 말인지 이해할 수 없어서 포기하고 말았다.

그런데 오늘 선생님의 설명을 듣고 나서야
내가 몰랐던 것들이 비로소 이해가 되었다.
수업 시간에 선생님 말씀을 잘 들으라고
하셨던 부모님의 말씀이 비로소 실감이 났다.

어떤 시간이나 시점을 기준으로 변화하기 시작함을 나타내는 단어는
'비로소'야. '비롯하다'라는 말에서 생겨난 단어지.

**알맞은 것끼리 선으로 이어 보세요.**

비로소 •　　　• 틀려요

비로서 •　　　• 맞아요

 **바르게 따라 써 보세요.**

| 비 | 로 | 소 |
|---|---|---|
| 비 | 로 | 소 |
|  |  |  |
|  |  |  |

| 비 | 로 | 소 |  | 해 | 결 | 하 | 다 | . |
|---|---|---|---|---|---|---|---|---|
| 비 | 로 | 소 |  | 해 | 결 | 하 | 다 | . |
|  |  |  |  |  |  |  |  |  |
|  |  |  |  |  |  |  |  |  |

| 그 | 제 | 서 | 야 |  | 비 | 로 | 소 |  | 이 | 해 | 했 | 다 | . |
|---|---|---|---|---|---|---|---|---|---|---|---|---|---|
| 그 | 제 | 서 | 야 |  | 비 | 로 | 소 |  | 이 | 해 | 했 | 다 | . |
|  |  |  |  |  |  |  |  |  |  |  |  |  |  |
|  |  |  |  |  |  |  |  |  |  |  |  |  |  |

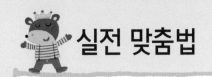
☀ 다음 말을 쓸 때 필요한 자음과 모음을 골라 좋아하는 색으로 연결해 보세요.

**등굣길**

| ㄷ | ㄱ | ㄱ | ㄲ | ㅣ |
| ㅡ | ㅛ | | ㄹ | |
| ㅇ | ㅅ | | | |

**며칠**

| ㅁ | ㅕ | ㅊ | ㅇ | ㅣ |
| | ㅊ | | ㄹ | |

**무릅쓰다**

| ㅁ | ㄹ | ㅆ | ㄷ | ㅏ |
| ㅜ | ㅡ | ㅡ | | |
| | ㅂ | ㅍ | | |

**베개**

| ㅂ | ㅐ | ㅔ | ㄱ | ㅐ | ㅔ |

**비로소**

| ㅂ | ㅣ | ㄹ | ㅅ | ㅓ |
| | | ㅗ | | ㅗ |

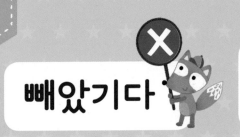

빼았기다 ❌          빼앗기다 ⭕

『유관순』을 읽고

이 책은 일제에 빼앗긴 나라를 되찾기 위해
노력했던 유관순 열사에 대한 책이다. 유관순
열사는 일본에 맞서 '대한 독립 만세'를 외치며
우리나라의 독립을 위해 앞장섰다. 그러다가 열여덟 살
어린 나이에 감옥에서 생을 마감했다.

차가운 감옥에서 목숨이 위태로울 때도 머릿속에는
온통 일본에 빼앗긴 나라의 독립만을 생각했던 유관순
열사의 모습이 너무나 훌륭했다.

남의 것을 억지로 갖는 것을 '빼앗다'라고 해.
누군가에게 빼앗김을 당한다는 뜻으로 쓰는 표현이 '빼앗기다'야.
또 '빼앗기다'를 줄여서 '뺏기다'라고 해. '나는 동생을 돌보느라
시간을 뺏기고 싶지 않아'처럼 써야 해.

**바르게 쓴 곳에 색칠해 보세요.**

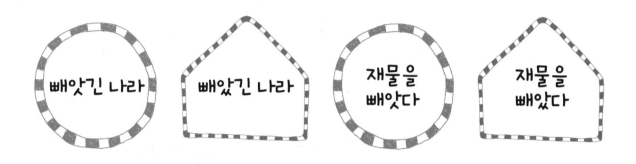

빼앗긴 나라    빼았긴 나라    재물을 빼앗다    재물을 빼았다

 **바르게 따라 써 보세요.**

| 빼 | 앗 | 기 | 다 |
|---|---|---|---|
| 빼 | 앗 | 기 | 다 |
|  |  |  |  |
|  |  |  |  |

| 마 | 음 | 을 |  | 빼 | 앗 | 기 | 다 | . |
|---|---|---|---|---|---|---|---|---|
| 마 | 음 | 을 |  | 빼 | 앗 | 기 | 다 | . |
|  |  |  |  |  |  |  |  |  |
|  |  |  |  |  |  |  |  |  |

| 동 | 생 | 에 | 게 |  | 시 | 계 | 를 |  | 빼 | 앗 | 겼 | 다 | . |
|---|---|---|---|---|---|---|---|---|---|---|---|---|---|
| 동 | 생 | 에 | 게 |  | 시 | 계 | 를 |  | 빼 | 앗 | 겼 | 다 | . |
|  |  |  |  |  |  |  |  |  |  |  |  |  |  |
|  |  |  |  |  |  |  |  |  |  |  |  |  |  |

새침떼기 ✕

새침데기 ○

**내 동생은 새침데기**

내 동생은 다섯 살이다.
어른들 앞에서는 부끄럽다고 말도 잘 하지 않고 얌전하다.
하지만 어른들이 없을 때는 자기 마음대로 한다.
다시 어른들이 오면 내 말을 잘 듣는 척 시치미를 뚝 뗀다.
내 동생은 정말 새침데기다.

새침한 성격을 가진 사람을 '새침데기'라고 불러.
'새침데기'는 읽을 때 [새침떼기]로 발음돼. 그래서 발음 나는 대로
'새침떼기'로 쓰는 경우가 종종 있어. [새침떼기]로 읽지만 쓸 때는
'새침데기'로 써야 해.

알맞은 것끼리 선으로 이어 보세요.

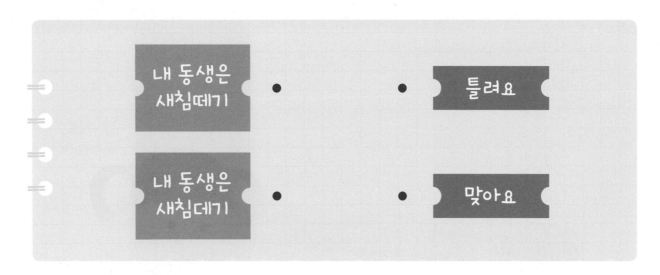

| 내 동생은 새침떼기 | • | | • | 틀려요 |
| 내 동생은 새침데기 | • | | • | 맞아요 |

바르게 따라 써 보세요.

| 새 | 침 | 데 | 기 |
| 새 | 침 | 데 | 기 |
| | | | |
| | | | |

| 동 | 생 | 은 | | 새 | 침 | 데 | 기 |
| 동 | 생 | 은 | | 새 | 침 | 데 | 기 |
| | | | | | | | |
| | | | | | | | |

| 그 | | 애 | 는 | | 참 | | 새 | 침 | 데 | 기 | 예 | 요 | . |
| 그 | | 애 | 는 | | 참 | | 새 | 침 | 데 | 기 | 예 | 요 | . |
| | | | | | | | | | | | | | |
| | | | | | | | | | | | | | |

61

수근거리다 ✕    **수군거리다** ⭕

보내는 사람 : 김준희
받는 사람 : 오하나

안녕! 하나야.
나 준희야. 우리 국어 시간 과제로 '수군수군'이 들어간 책이나 영화,
드라마 제목 조사하기로 했잖아. 좀 찾아봤니? 나는 몇 개 발견했는데,
〈수학이 수군수군〉, 〈수군수군 수학 비법〉을 찾았어.
그런데 '수근수근'이라고 잘못 쓴 표현도 많더라.
너는 '소곤소곤'이 들어간 제목을 찾아보는 게 어떠니?
내일 학교에서 보자!

'수근거리다'와 '수군거리다' 중 맞는 표현은 '수군거리다'야.
'남이 알아듣지 못하도록 낮은 목소리로 자꾸 이야기하다'라는 뜻을 가지고
있어. '수군거리다'와 비슷한 뜻이지만 좀 더 작은 목소리로 이야기할 때는
'소곤거리다'라는 단어를 사용해.

**수근거리다** ✕ , **수군거리다** ⭕    **수근수근** ✕ , **수군수군** ⭕
**소근거리다** ✕ , **소곤거리다** ⭕    **소근소근** ✕ , **소곤소곤** ⭕

**알맞은 단어에 ○를 표시해 보세요.**

♥ 사람들이 (수근거리는 / 수군거리는) 소리를 들었다.

♥ 도서관에서는 (소근소근 / 소곤소곤) 이야기해야 한다.

 **바르게 따라 써 보세요.**

| 수 | 군 | 거 | 리 | 다 |
|---|---|---|---|---|
| 수 | 군 | 거 | 리 | 다 |
|   |   |   |   |   |
|   |   |   |   |   |

| 대 | 화 | 는 |   | 소 | 곤 | 소 | 곤 |
|---|---|---|---|---|---|---|---|
| 대 | 화 | 는 |   | 소 | 곤 | 소 | 곤 |
|   |   |   |   |   |   |   |   |
|   |   |   |   |   |   |   |   |

| 수 | 군 | 거 | 리 | 는 |   | 소 | 리 | 가 |   | 들 | 리 | 다 | . |
|---|---|---|---|---|---|---|---|---|---|---|---|---|---|
| 수 | 군 | 거 | 리 | 는 |   | 소 | 리 | 가 |   | 들 | 리 | 다 | . |
|   |   |   |   |   |   |   |   |   |   |   |   |   |   |
|   |   |   |   |   |   |   |   |   |   |   |   |   |   |

숨박꼭질 ✕

숨바꼭질 ⭕

우리나라엔 다양한 전통 놀이가 있어요. 하나씩 말해 볼까요?

땅따먹기요.

연날리기요.

두꺼비 집 짓기요.

숨바꼭질이요.

그중에서 여러분이 가장 좋아하는 놀이는 뭐죠?

숨바꼭질이요!!

'숨바꼭질'이 맞는 표현이야.
숨은 사람을 찾아내는 놀이인 숨바꼭질. 숨바꼭질을 줄여서
'숨박질'이라고 하는데, 이 '숨박질' 때문에 '숨박꼭질'이라고 잘못 사용하는
사람도 있어. 즐겨 하는 놀이인 만큼 정확하게 사용해야겠지?

**알맞은 것끼리 선으로 이어 보세요.**

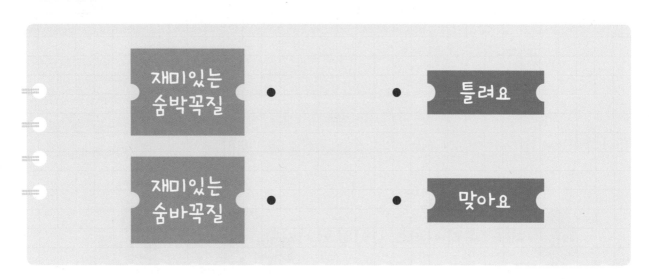

재미있는
숨박꼭질 • • 틀려요

재미있는
숨바꼭질 • • 맞아요

 **바르게 따라 써 보세요.**

| 숨 | 바 | 꼭 | 질 |
|---|---|---|---|
| 숨 | 바 | 꼭 | 질 |
| | | | |
| | | | |

| 재 | 미 | 있 | 는 | | 숨 | 바 | 꼭 | 질 |
|---|---|---|---|---|---|---|---|---|
| 재 | 미 | 있 | 는 | | 숨 | 바 | 꼭 | 질 |
| | | | | | | | | |
| | | | | | | | | |

| 친 | 구 | 들 | 과 | | 숨 | 바 | 꼭 | 질 | 을 | | 했 | 다 | . |
|---|---|---|---|---|---|---|---|---|---|---|---|---|---|
| 친 | 구 | 들 | 과 | | 숨 | 바 | 꼭 | 질 | 을 | | 했 | 다 | . |
| | | | | | | | | | | | | | |
| | | | | | | | | | | | | | |

## 어의없다 ✕　　어이없다 ⭕

○○○○년 ○○월 ○○일

### 제목 : 우리 아파트 경비원 아저씨

내가 매일 인사드리는 경비원 아저씨가 이번 달까지
근무하신다고 한다. 아파트 관리비가 비싸져서
경비원 인원을 줄여야 한단다. 너무 어이없다. 그래도
우리 주민들을 위해 항상 열심히 일하셨던 분들과
이렇게 어이없게 헤어져야 하다니.
모두가 행복하게 사는 건 어려운 일일까?

'어의'는 세 가지 말뜻이 있어. '임금이 입던 옷', '궁궐에서
임금이나 왕족의 병을 치료하던 의원', '단어나 말의 뜻'이지.
'어의가 없다'는 것은 이 세 가지 중 하나가 없다는 거야.
'어이없다'는 '일이 너무 뜻밖이어서 기가 막히는 듯하다'라는 뜻으로 써.
너무 황당하거나 어처구니없거나 놀라운 일에 '어이없다'는 말을 사용해.

**알맞게 선을 이어 문장을 완성해 보세요.**

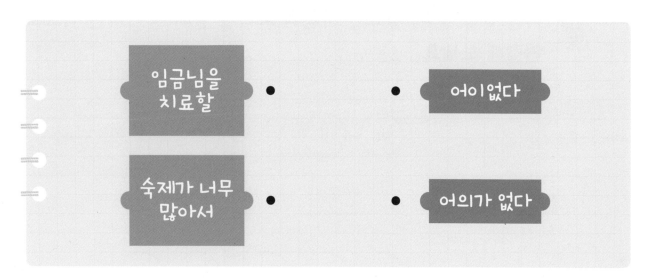

임금님을 치료할 •

숙제가 너무 많아서 •

• 어이없다

• 어의가 없다

 **바르게 따라 써 보세요.**

| 어 | 이 | 없 | 다 |
| 어 | 이 | 없 | 다 |

| 어 | 이 | 없 | 는 | | 소 | 문 |
| 어 | 이 | 없 | 는 | | 소 | 문 |

| 갑 | 자 | 기 | | 넘 | 어 | 져 | 서 | | 어 | 이 | 없 | 다 | . |
| 갑 | 자 | 기 | | 넘 | 어 | 져 | 서 | | 어 | 이 | 없 | 다 | . |

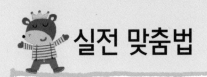 다음 말을 쓸 때 필요한 자음과 모음을 골라 좋아하는 색으로 연결해 보세요.

빼앗기다

| ㅃ | ㅐ | | ㅇ | ㅏ |
| | | | ㅅ | ㅆ |
| ㄱ | ㄲ | ㅣ | ㄷ | ㅏ |

새침데기

| ㅅ | ㅐ | | ㅊ | ㅣ |
| | | | | ㅁ |
| ㄷ | ㄸ | ㅔ | ㄱ | ㅣ |

수군거리다

| ㅅ | ㄱ | ㄱ | ㅓ | ㄷ | ㅏ |
| ㅜ | ㅜ ㅡ | ㄹ | ㅣ | | |
| | ㄴ | | | | |

숨바꼭질

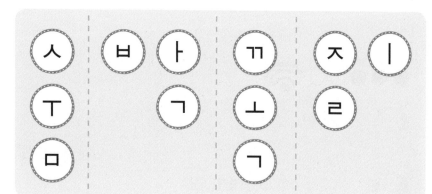

어이없다

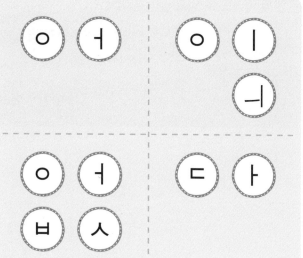

오랫만에 ✕    오랜만에 ○

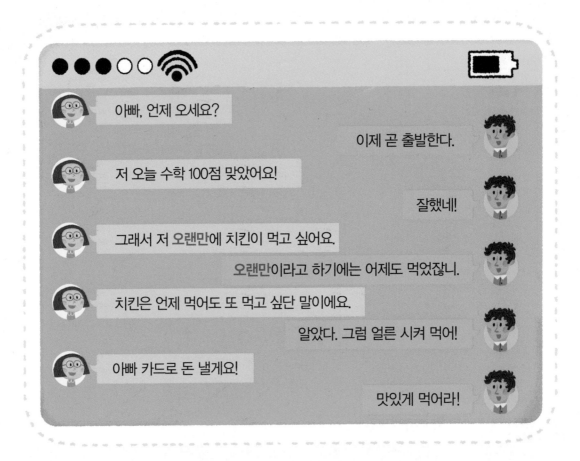

아빠, 언제 오세요?

이제 곧 출발한다.

저 오늘 수학 100점 맞았어요!

잘했네!

그래서 저 오랜만에 치킨이 먹고 싶어요.

오랜만이라고 하기에는 어제도 먹었잖니.

치킨은 언제 먹어도 또 먹고 싶단 말이에요.

알았다. 그럼 얼른 시켜 먹어!

아빠 카드로 돈 낼게요!

맛있게 먹어라!

'오래간만'을 줄여서 '오랜만'이라고 해. '오래간만'은
어떤 일이 있은 때로부터 긴 시간이 지난 뒤를 뜻하는 말이야.

**틀리게 쓴 곳에 색칠해 보세요.**

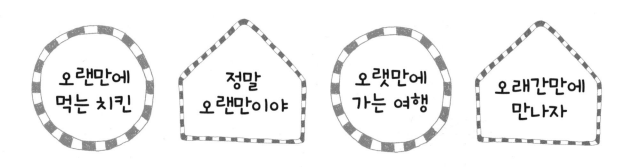

오랜만에
먹는 치킨

정말
오랜만이야

오랫만에
가는 여행

오래간만에
만나자

 **바르게 따라 써 보세요.**

| 오 | 랜 | 만 | 에 | | 참 | | 오 | 랜 | 만 | 이 | 에 | 요 | . |
|---|---|---|---|---|---|---|---|---|---|---|---|---|---|
| 오 | 랜 | 만 | 에 | | 참 | | 오 | 랜 | 만 | 이 | 에 | 요 | . |
| | | | | | | | | | | | | | |
| | | | | | | | | | | | | | |

| 오 | 랜 | 만 | 에 | | 불 | 고 | 기 | 를 | | 먹 | 었 | 다 | . |
|---|---|---|---|---|---|---|---|---|---|---|---|---|---|
| 오 | 랜 | 만 | 에 | | 불 | 고 | 기 | 를 | | 먹 | 었 | 다 | . |
| | | | | | | | | | | | | | |
| | | | | | | | | | | | | | |

온갓

온갖

『신데렐라』를 읽고

신데렐라는 계모와 언니들에게 매일 구박을 받으며
온갖 허드렛일을 했다. 식사 준비, 청소, 빨래 등
온갖 집안일을 하느라 늘 재투성이가 되었다.
하지만 신데렐라는 희망을 잃지 않고 씩씩하게 살았다. 무도회가
열리던 날에는 착한 요정이 나타나 신데렐라가 무도회에
참석할 수 있도록 온갖 필요한 것들을 준비해 주었다.
나도 신데렐라처럼 예쁘고 착한 사람이 되고 싶다. 그런데
착한 사람은 정말 실제로도 괴롭힘당하고 온갖 억울한
일을 많이 겪는 걸까?

'이런저런 여러 가지의'라는 뜻으로 쓰이는 '온갖'은 '온가지'라는 말에서 왔어.
'온'은 '전부, 모두'라는 뜻이 있지.
그래서 '온 식구', '온 세상'이라고 쓰는 거야.
그러니까 '여러 가지, 모든 가지'를 뜻하는
'온가지'가 줄어들어 '온갖'이 된 거야.

**알맞은 단어에 ○를 표시해 보세요.**

♥ (온갓 / 온갖) 허드렛일

♥ (온갓 / 온갖) 집안일

♥ (온갓 / 온갖) 필요한 것들

 **바르게 따라 써 보세요.**

| 온 | 갖 |
|---|---|
| 온 | 갖 |
|  |  |
|  |  |

| 온 | 갖 |  | 구 | 박 | 을 |  | 받 | 다 | . |
|---|---|---|---|---|---|---|---|---|---|
| 온 | 갖 |  | 구 | 박 | 을 |  | 받 | 다 | . |
|  |  |  |  |  |  |  |  |  |  |
|  |  |  |  |  |  |  |  |  |  |

| 온 | 갖 |  | 정 | 성 | 을 |  | 다 | 해 |  | 키 | 웠 | 다 | . |
|---|---|---|---|---|---|---|---|---|---|---|---|---|---|
| 온 | 갖 |  | 정 | 성 | 을 |  | 다 | 해 |  | 키 | 웠 | 다 | . |
|  |  |  |  |  |  |  |  |  |  |  |  |  |  |
|  |  |  |  |  |  |  |  |  |  |  |  |  |  |

 웅큼

 움큼

5월 9일 날씨: 맑음 ☀

**제목: 한 움큼의 행복**

아빠와 함께 지리산 산행을 갔다.
힘들었지만 날이 맑고 바람도 솔솔 불어
기분이 좋았다. 정상에 올라가자 아빠가
'우리 아들이랑 정상에 오니 정말
뿌듯하네!' 하시며 사탕 한 움큼을 주셨다. 내가 좋아하는 사탕을
미리 준비해 오신 거다. 나는 너무 행복해서 아빠를 보고 웃었다.

'웅큼'과 '움큼'은 발음이 비슷해서 헷갈리기 쉬워.
그런데 '손으로 한 줌 움켜쥘 만한 분량을 세는 단위'가 '움큼'이야.

**움켜쥔다 ⇨ 움큼**

이제 기억하기 쉽겠지?

**알맞은 것끼리 선으로 이어 보세요.**

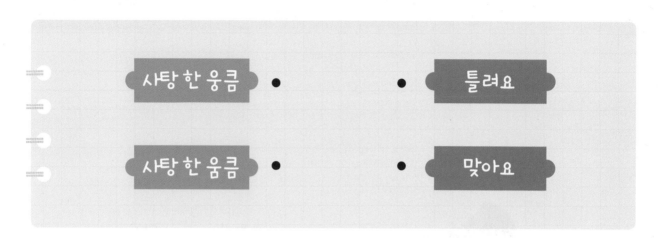

사탕 한 웅큼 •　　　• 틀려요

사탕 한 움큼 •　　　• 맞아요

 **바르게 따라 써 보세요.**

| 움 | 큼 |
|---|---|
| 움 | 큼 |
|   |   |
|   |   |

| 사 | 탕 | 은 |   | 한 |   | 움 | 큼 | 씩 |
|---|---|---|---|---|---|---|---|---|
| 사 | 탕 | 은 |   | 한 |   | 움 | 큼 | 씩 |
|   |   |   |   |   |   |   |   |   |
|   |   |   |   |   |   |   |   |   |

| 아 | 몬 | 드 |   | 한 |   | 움 | 큼 | 을 |   | 잡 | 았 | 다 | . |
|---|---|---|---|---|---|---|---|---|---|---|---|---|---|
| 아 | 몬 | 드 |   | 한 |   | 움 | 큼 | 을 |   | 잡 | 았 | 다 | . |
|   |   |   |   |   |   |   |   |   |   |   |   |   |   |
|   |   |   |   |   |   |   |   |   |   |   |   |   |   |

졸립다 ✕    **졸리다** ◯

졸리면 어서 들어가서 편히 자.

아니에요. 아빠 퇴근하고 오시는 거 보고 잘래요. '안 졸리다, 안 졸리다' 주문을 외워야지!

공부만 하면 이상하게 졸리는 건 모두 같을 거야. '졸리다'와 '졸립다', 너무 헷갈리지? 아마 '졸리다'의 높임말이 '졸립니다'니까 '졸립다'도 바르다고 착각할 수 있어. 하지만 '졸립다'는 잘못된 표현이야. 지금 졸릴 때 '졸린다'는 쓸 수 있는 표현이야.

졸리다 ◯ ⇨ 높임 졸립니다 ◯
활용 졸린다 ◯, 졸립다 ✕

알맞은 것끼리 선으로 이어 보세요.

졸리고
피곤하다 •　　　　• 틀려요

졸립고
피곤하다 •　　　　• 맞아요

 바르게 따라 써 보세요.

| 졸 | 리 | 다 |
| --- | --- | --- |
| 졸 | 리 | 다 |
| | | |
| | | |

| 졸 | 리 | 고 | | 피 | 곤 | 하 | 다 | . |
| --- | --- | --- | --- | --- | --- | --- | --- | --- |
| 졸 | 리 | 고 | | 피 | 곤 | 하 | 다 | . |
| | | | | | | | | |
| | | | | | | | | |

| 공 | 부 | 만 | | 하 | 면 | | 너 | 무 | | 졸 | 리 | 다 | . |
| --- | --- | --- | --- | --- | --- | --- | --- | --- | --- | --- | --- | --- | --- |
| 공 | 부 | 만 | | 하 | 면 | | 너 | 무 | | 졸 | 리 | 다 | . |
| | | | | | | | | | | | | | |
| | | | | | | | | | | | | | |

77

찌게

찌개

6월 20일 날씨: 흐림

**제목 : 급식에 나온 이상한 찌개**

오늘 학교에서 부대찌개를 먹었다.
난 너무 맛있어서 두 그릇이나 먹었다.
그런데 부대찌개는 왜 이름이 부대찌개일까?
내가 좋아하는 햄이 들어가니깐 햄찌개라고
불러야 할 것 같은데 말이다.

'찌게'와 '찌개'는 매번 헷갈려.
간판을 잘 살펴보면 '찌게'라고 쓰여 있는 곳도 자주 찾아볼 수 있어.
하지만 '찌개'가 맞는 표현이야. 김치찌개, 햄 찌개 등
모두 '찌개'라고 써야 해. 이렇게 기억해 보면 어떨까?

찌 🐕 (개)

**알맞은 것끼리 선으로 이어 보세요.**

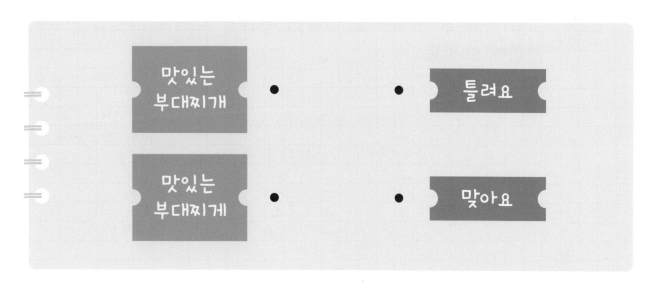

맛있는 부대찌개 • • 틀려요

맛있는 부대찌게 • • 맞아요

 **바르게 따라 써 보세요.**

| 찌 | 개 | | 햄 | 으 | 로 | | 만 | 든 | | 찌 | 개 |
|---|---|---|---|---|---|---|---|---|---|---|---|
| 찌 | 개 | | 햄 | 으 | 로 | | 만 | 든 | | 찌 | 개 |
| | | | | | | | | | | | |
| | | | | | | | | | | | |

| 추 | 우 | 면 | | 더 | | 맛 | 있 | 는 | | 부 | 대 | 찌 | 개 |
|---|---|---|---|---|---|---|---|---|---|---|---|---|---|
| 추 | 우 | 면 | | 더 | | 맛 | 있 | 는 | | 부 | 대 | 찌 | 개 |
| | | | | | | | | | | | | | |
| | | | | | | | | | | | | | |

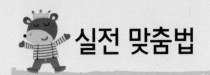
 다음 말을 쓸 때 필요한 자음과 모음을 골라 좋아하는 색으로 연결해 보세요.

**오랜만에**

| ㅇ | ㄹ | ㅐ | ㅁ | ㅏ | ㅇ | ㅔ |
| ㅗ | ㅅ | ㄴ | | ㄴ | | |

**온갖**

| ㅇ | ㄱ | ㅏ |
| ㅗ | ㅅ | ㅈ |
| ㄴ | | |

**움큼**

| ㅇ | ㅋ |
| ㅜ | ㅡ |
| ㅇ ㅁ | ㅁ |

졸리다

ㅈ ㅗ ㄹ    ㄹ ㅣ ㅂ    ㄷ ㅏ

찌개

ㅉ ㅣ    ㄱ ㅐ ㅔ

# 둘
# 모양이 비슷해서 헷갈리는 말

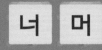 너머  넘어

낳 다     낫 다

반 듯 이     반 드 시

띠 다     띄 다

빗 다

빚 다

# 가르치다  vs 가리키다

> 선생님, 저희를 잘 **가르쳐** 주셔서 감사합니다.

 '가르치다'는 지식이나 기능을 깨닫게 하거나 익히게 하는 것을 뜻해.

> 지금 몇 시지?

> 시곗바늘이 한 시를 **가리키고** 있어!

 '가리키다'는 손가락 등으로 어떤 방향이나 대상을 집어서 보이거나 말하는 것을 뜻해.

♥ 아이들에게 국어를 (가르치고 / 가리키고) 있어요.

♥ 손가락으로 하늘을 (가르쳐 / 가리켜) 보세요.

 바르게 따라 써 보세요.

| 가 | 르 | 치 | 다 |
| 가 | 르 | 치 | 다 |
| | | | |

| 가 | 리 | 키 | 다 |
| 가 | 리 | 키 | 다 |
| | | | |

| 가 | 르 | 쳐 | | 주 | 셔 | 서 | | 감 | 사 | 합 | 니 | 다 | . |
| 가 | 르 | 쳐 | | 주 | 셔 | 서 | | 감 | 사 | 합 | 니 | 다 | . |
| | | | | | | | | | | | | | |

| 화 | 살 | 표 | 가 | | 가 | 리 | 키 | 는 | | 방 | 향 | 은 | ? |
| 화 | 살 | 표 | 가 | | 가 | 리 | 키 | 는 | | 방 | 향 | 은 | ? |
| | | | | | | | | | | | | | |

## 거치다 VS 걷히다

예선을 *거치고* 드디어 본선에 올랐다.

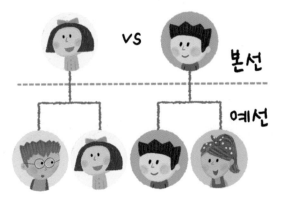

'거치다'는 '어떤 단계나 과정을 겪다', '어디를 지나거나 들르다' 등의 뜻으로 쓰여.

커튼을 *걷히니* 환한 햇살이 들어온다.

'걷히다'는 '구름이나 안개 따위가 흩어져서 없어졌다'라는 뜻으로 쓰여.

♥ 초등학교를 (거치고 / 걷히고) 중학교로 올라간다.

♥ 구름이 (거치고 / 걷히고) 파란 하늘이 나왔다.

 바르게 따라 써 보세요.

| 거 | 치 | 다 | | 걷 | 히 | 다 |
|---|---|---|---|---|---|---|
| 거 | 치 | 다 | | 걷 | 히 | 다 |
| | | | | | | |

| 예 | 선 | 을 | | 거 | 친 | | 참 | 가 | 자 | | 열 | | 명 |
|---|---|---|---|---|---|---|---|---|---|---|---|---|---|
| 예 | 선 | 을 | | 거 | 친 | | 참 | 가 | 자 | | 열 | | 명 |
| | | | | | | | | | | | | | |

| 안 | 개 | 가 | | 걷 | 혀 | | 하 | 늘 | 이 | | 맑 | 다 | . |
|---|---|---|---|---|---|---|---|---|---|---|---|---|---|
| 안 | 개 | 가 | | 걷 | 혀 | | 하 | 늘 | 이 | | 맑 | 다 | . |
| | | | | | | | | | | | | | |

## 그럼으로 vs 그러므로

내가 동생을 놀렸다.
그럼으로 동생이 울었다.

'그럼으로'는 수단의 의미로 쓸 때 주로 사용해. '그럼으로'에는
'그렇게 하는 것으로써'라는 의미가 있어.

나는 오빠다. 그러므로
동생을 잘 돌보아야 한다.

'그러므로'는 '그러니까'라는 의미가 있어.
앞 문장이 원인이고, 뒤 문장이 결과라면 '그러므로'를 사용해.

**알맞은 단어에 ○를 표시해 보세요.**

♥ 내일 날씨가 춥다. (그럼으로 / 그러므로) 내일 옷을
따뜻하게 입어야 한다.

♥ 나는 열심히 봉사한다. (그럼으로 / 그러므로) 보람을 느낀다.

 **바르게 따라 써 보세요.**

| 그 | 럼 | 으 | 로 |
|---|---|---|---|
| 그 | 럼 | 으 | 로 |
|  |  |  |  |

| 그 | 러 | 므 | 로 |
|---|---|---|---|
| 그 | 러 | 므 | 로 |
|  |  |  |  |

아빠와 함께 집 앞에 쌓인 눈을 치웠다.

| 그 | 럼 | 으 | 로 |  | 자 | 부 | 심 | 을 |  | 느 | 꼈 | 다 | . |
|---|---|---|---|---|---|---|---|---|---|---|---|---|---|
|  |  |  |  |  |  |  |  |  |  |  |  |  |  |

나는 열심히 공부했다.

| 그 | 러 | 므 | 로 |  | 꼭 |  | 붙 | 을 |  | 것 | 이 | 다 | . |
|---|---|---|---|---|---|---|---|---|---|---|---|---|---|
|  |  |  |  |  |  |  |  |  |  |  |  |  |  |

## 껍데기 VS 껍질

달걀 껍데기는
일반 쓰레기통에
버려 주세요.

달걀이나 조개 등의 겉을 싸고 있는 단단한 물질을 '껍데기'라고 해. 알맹이를
빼내고 겉에 남는 걸 말해. 달걀이나 소라, 조개의 경우 껍데기라고 써야 해.

귤의 껍질은 음식물
쓰레기통에 버려 주세요.

겉을 싸고 있지만 단단하지 않은 것은 '껍질'이라고 해.
귤, 양파, 사과의 경우 껍질이라고 써.

**바르게 쓴 곳에 색칠해 보세요.**

 껍데기를 깨다

 껍질을 깨다

 **바르게 따라 써 보세요.**

| 껍 | 데 | 기 | | 껍 | 질 |
|---|---|---|---|---|---|
| 껍 | 데 | 기 | | 껍 | 질 |
| | | | | | |

| 조 | 개 | 껍 | 데 | 기 | 는 | | 정 | 말 | | 단 | 단 | 해 | . |
|---|---|---|---|---|---|---|---|---|---|---|---|---|---|
| 조 | 개 | 껍 | 데 | 기 | 는 | | 정 | 말 | | 단 | 단 | 해 | . |
| | | | | | | | | | | | | | |

| 사 | 과 | | 껍 | 질 | 은 | | 아 | 주 | | 빨 | 갛 | 다 | . |
|---|---|---|---|---|---|---|---|---|---|---|---|---|---|
| 사 | 과 | | 껍 | 질 | 은 | | 아 | 주 | | 빨 | 갛 | 다 | . |
| | | | | | | | | | | | | | |

# 낳다  vs 낫다

아기 고양이를
낳다.

 '낳다'는 '배 속의 아이, 새끼, 알을 몸 밖으로 내놓다'라는 의미야.

우리 고양이,
빨리 낫는 방법이 뭘까?

 '병이나 상처 따위가 고쳐져 본래대로 되다'를 뜻하는 단어는
'낫다'야.

♥ 어디가 아픈지 몰라도 빨리 (낳았으면 / 나았으면) 좋겠어.

♥ 아이 세 명을 (낳고 / 낫고) 싶다.

 바르게 따라 써 보세요.

| 낳 | 다 | | 낫 | 다 |
|---|---|---|---|---|
| 낳 | 다 | | 낫 | 다 |
| | | | | |

| 아 | 기 | 를 | | 낳 | 고 | 엄 | 마 | 가 | | 되 | 다 | . |
|---|---|---|---|---|---|---|---|---|---|---|---|---|
| 아 | 기 | 를 | | 낳 | 고 | 엄 | 마 | 가 | | 되 | 다 | . |
| | | | | | | | | | | | | |

| 치 | 료 | 를 | | 받 | 고 | 깨 | 끗 | 이 | | 낫 | 다 | . |
|---|---|---|---|---|---|---|---|---|---|---|---|---|
| 치 | 료 | 를 | | 받 | 고 | 깨 | 끗 | 이 | | 낫 | 다 | . |
| | | | | | | | | | | | | |

너머 vs 넘어

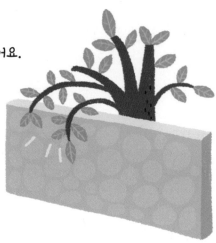

나뭇가지가
담장 너머로 뻗어 있어요.

'너머'는 '가로막혀 있는 물체의 저쪽 공간'을 말해.
'언덕 너머에 바다가 있어', '공이 담 너머로 날아갔다'처럼 쓰여.

이 연필은
10cm가 넘어.

'고개를 넘다', '강을 넘다' 등 '높은 부분의 위를 지나가는 것', 혹은
'경계나 기준을 지나는 것'을 '넘다'라고 해.

**알맞은 단어에 ○를 표시해 보세요.**

꼬부랑 할머니

꼬부랑 할머니가 꼬부랑 고갯길을
꼬부랑꼬부랑
(너머 / 넘어)가고 있네.

 **바르게 따라 써 보세요.**

| 너 | 머 | | 넘 | 어 |
|---|---|---|---|---|
| 너 | 머 | | 넘 | 어 |
| | | | | |

| 언 | 덕 | | 너 | 머 | | 바 | 다 | 가 | | 있 | 어 | 요 | . |
|---|---|---|---|---|---|---|---|---|---|---|---|---|---|
| 언 | 덕 | | 너 | 머 | | 바 | 다 | 가 | | 있 | 어 | 요 | . |
| | | | | | | | | | | | | | |

| 할 | 머 | 니 | 가 | | 고 | 개 | 를 | | 넘 | 어 | 간 | 다 | . |
|---|---|---|---|---|---|---|---|---|---|---|---|---|---|
| 할 | 머 | 니 | 가 | | 고 | 개 | 를 | | 넘 | 어 | 간 | 다 | . |
| | | | | | | | | | | | | | |

# 늘이다 VS 늘리다

고무줄을
늘이다.

 '늘이다'는 '원래의 길이보다 더 길게 하다'는 의미로 사용해.
'엿가락을 늘이다', '가래떡을 잡아당겨 늘이다'처럼 써.

고무줄을
늘리다.

 '늘리다'는 '넓이나 폭을 넓게 하다', '수나 분량, 시간을 많게 하다', '힘이나 세력을
넓히다'는 의미로 사용해. '학생 수를 늘리다', '쉬는 시간을 늘리다'처럼 써.

미션 카드

고무줄을
늘리시오.

미션 카드

고무줄 실력을
늘이시오.

미션 카드

고무줄을
늘이시오.

 바르게 따라 써 보세요.

| 늘 | 이 | 다 | 늘 | 리 | 다 |
|---|---|---|---|---|---|
| 늘 | 이 | 다 | 늘 | 리 | 다 |
| | | | | | |

| 고 | 무 | 줄 | 을 | | 늘 | 여 | 서 | | 팽 | 팽 | 하 | 다 | . |
|---|---|---|---|---|---|---|---|---|---|---|---|---|---|
| 고 | 무 | 줄 | 을 | | 늘 | 여 | 서 | | 팽 | 팽 | 하 | 다 | . |
| | | | | | | | | | | | | | |

| 고 | 무 | 줄 | 을 | | 늘 | 리 | 니 | | 많 | 아 | 졌 | 다 | . |
|---|---|---|---|---|---|---|---|---|---|---|---|---|---|
| 고 | 무 | 줄 | 을 | | 늘 | 리 | 니 | | 많 | 아 | 졌 | 다 | . |
| | | | | | | | | | | | | | |

## -든지 ⟷ -던지

'-든지'는 앞과 뒤의 순서가 없는 것에 사용하는 말이야.
그래서 '-든지'는 앞과 뒤에 나온 말을 바꿔도 말이 돼.

예 사과든지 배든지 모두 좋아. (O) = 배든지 사과든지 모두 좋아. (O)

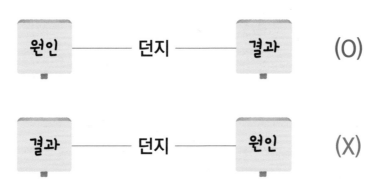

| 원인 —— 던지 —— 결과 | (O) |

| 결과 —— 던지 —— 원인 | (X) |

'-던지'는 앞과 뒤의 순서가 있는 말을 연결해.
그래서 '-던지'는 앞과 뒤의 말을 바꾸면 말이 되지 않아.

예 밥을 얼마나 많이 먹었던지 배탈이 났어. (O) ≠ 배탈이 났던지 밥을 얼마나 많이 먹었어. (X)

♥ 어디서 만나든 다 좋아. 놀이터(던지 / 든지)
학교 앞이(던지 / 든지) 모두 좋아.

♥ 어찌나 (좋던지 / 좋든지) 펄쩍 뛰었다.

| 든 | 지 | | 던 | 지 |
|---|---|---|---|---|
| 든 | 지 | | 던 | 지 |
| | | | | |

| 배 | 든 | 지 | 사 | 과 | 든 | 지 | | 다 | | 좋 | 아 | . |
|---|---|---|---|---|---|---|---|---|---|---|---|---|
| 배 | 든 | 지 | 사 | 과 | 든 | 지 | | 다 | | 좋 | 아 | . |
| | | | | | | | | | | | | |

| 귤 | 을 | | 얼 | 마 | 나 | | 많 | 이 | | 먹 | 었 | 던 | 지 |
|---|---|---|---|---|---|---|---|---|---|---|---|---|---|
| 귤 | 을 | | 얼 | 마 | 나 | | 많 | 이 | | 먹 | 었 | 던 | 지 |
| | | | | | | | | | | | | | |

## 띠다 vs 띄다

미소 띤 얼굴이 이쁘다.

'띠다'는 '미소 띤 얼굴', '흰색을 띤 장미'처럼 색깔이나 감정 또는 기운을 나타내는 말이야.

눈에 띄는 외모를 가졌네.

 '띄다'는 어떤 것보다 훨씬 두드러질 때 쓰는 말이야.

**알맞은 단어에 ○를 표시해 보세요.**

드라마의 인기 비결

1. 눈에 (띠는 / 띄는) 이야기

2. 눈에 (띠는 / 띄는) 연기력

 **바르게 따라 써 보세요.**

| 띠 | 다 | | 띄 | 다 |
|---|---|---|---|---|
| 띠 | 다 | | 띄 | 다 |
| | | | | |

| 미 | 소 | | 띤 | | 얼 | 굴 | 이 | | 아 | 름 | 답 | 다 | . |
|---|---|---|---|---|---|---|---|---|---|---|---|---|---|
| 미 | 소 | | 띤 | | 얼 | 굴 | 이 | | 아 | 름 | 답 | 다 | . |
| | | | | | | | | | | | | | |

| 빨 | 간 | | 지 | 붕 | 이 | | 눈 | 에 | | 띄 | 는 | | 집 |
|---|---|---|---|---|---|---|---|---|---|---|---|---|---|
| 빨 | 간 | | 지 | 붕 | 이 | | 눈 | 에 | | 띄 | 는 | | 집 |
| | | | | | | | | | | | | | |

## -로써   VS   -로서

> 싸우지 말고
> 말로써
> 해결해야지!

 수단이나 방법, 재료를 나타낼 때는 '-로써'를 사용해.

> 친구로서
> 돕는 건 당연해.

 자격이나 신분, 지위를 나타낼 때는 '-로서'를 사용해.

♥ 언니(로써 / 로서) 동생에게 모범이 되어야겠어요.

♥ 돈(으로써 / 으로서) 모든 걸 해결할 수 없다.

 바르게 따라 써 보세요.

| 로 | 써 | | 로 | 서 |
|---|---|---|---|---|
| 로 | 써 | | 로 | 서 |
|   |   |   |   |   |

| 대 | 화 | 로 | 써 | | 문 | 제 | 를 | | 풀 | 어 | 내 | 자 | . |
|---|---|---|---|---|---|---|---|---|---|---|---|---|---|
| 대 | 화 | 로 | 써 | | 문 | 제 | 를 | | 풀 | 어 | 내 | 자 | . |
|   |   |   |   |   |   |   |   |   |   |   |   |   |   |

| 회 | 장 | 으 | 로 | 서 | | 최 | 선 | 을 | | 다 | 하 | 자 | . |
|---|---|---|---|---|---|---|---|---|---|---|---|---|---|
| 회 | 장 | 으 | 로 | 서 | | 최 | 선 | 을 | | 다 | 하 | 자 | . |
|   |   |   |   |   |   |   |   |   |   |   |   |   |   |

# 맞추다  맞히다

아빠랑 옷을 맞추어 입었어요.

 '맞추다'는 서로 떨어져 있는 부분들을 제자리에 맞게 대어 붙이는 것을 뜻해. 퍼즐 조각을 맞추거나 음식의 간을 맞추는 것, 짝을 맞추는 것 모두 '맞추다'야.

우리 팀은 모두 과녁의 한가운데를 맞혔다.

 '맞히다'는 '맞다'의 모양을 바꾸어 쓸 때 사용해. 문제에 대한 답이 틀리지 않는 것을 '맞다'라고 하는데, 맞게 하는 것을 '맞히다'라고 해. 표적을 맞게 하는 것, 주사나 침을 맞게 하는 것, 눈이나 비를 맞게 하는 것 모두 '맞히다'라고 써.

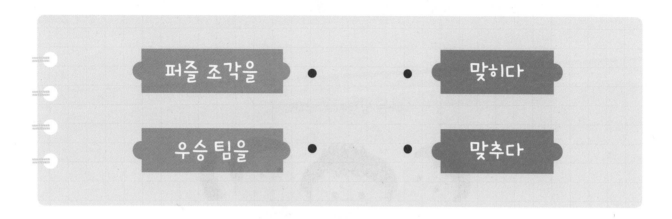

| 퍼즐 조각을 | • | • | 맞히다 |
| 우승 팀을 | • | • | 맞추다 |

 바르게 따라 써 보세요.

| 맞 | 추 | 다 | | 맞 | 히 | 다 |
|---|---|---|---|---|---|---|
| 맞 | 추 | 다 | | 맞 | 히 | 다 |
| | | | | | | |

| 정 | 말 | 로 | | 어 | 려 | 운 | | 퍼 | 즐 | | 맞 | 추 | 기 |
|---|---|---|---|---|---|---|---|---|---|---|---|---|---|
| 정 | 말 | 로 | | 어 | 려 | 운 | | 퍼 | 즐 | | 맞 | 추 | 기 |
| | | | | | | | | | | | | | |

| 과 | 녁 | 의 | | 한 | 가 | 운 | 데 | 를 | | 맞 | 히 | 다 | . |
|---|---|---|---|---|---|---|---|---|---|---|---|---|---|
| 과 | 녁 | 의 | | 한 | 가 | 운 | 데 | 를 | | 맞 | 히 | 다 | . |
| | | | | | | | | | | | | | |

# 무난하다  문안하다

나는 성격이 무난해!

사람의 성격이 까다롭지 않고 무던하거나 어렵지 않은 상황을 말할 때 '무난하다'고 해.

문안 인사 드려요.

 '문안하다'는 '웃어른께 안부를 여쭈다'라는 의미야.

**바르게 쓴 곳에 색칠해 보세요.**

하룻밤 자고
아침에 할아버지께
문안했다.

하룻밤 자고
아침에 할아버지께
무난했다.

 **바르게 따라 써 보세요.**

| 무 | 난 | 하 | 다 | | 문 | 안 | 하 | 다 |
|---|---|---|---|---|---|---|---|---|
| 무 | 난 | 하 | 다 | | 문 | 안 | 하 | 다 |
| | | | | | | | | |

| 무 | 난 | 한 | | 성 | 격 | 인 | | 친 | 구 | 입 | 니 | 다 | . |
|---|---|---|---|---|---|---|---|---|---|---|---|---|---|
| 무 | 난 | 한 | | 성 | 격 | 인 | | 친 | 구 | 입 | 니 | 다 | . |
| | | | | | | | | | | | | | |

| 할 | 아 | 버 | 지 | | 병 | 문 | 안 | 을 | | 갔 | 어 | 요 | . |
|---|---|---|---|---|---|---|---|---|---|---|---|---|---|
| 할 | 아 | 버 | 지 | | 병 | 문 | 안 | 을 | | 갔 | 어 | 요 | . |
| | | | | | | | | | | | | | |

## 무치다 vs 묻히다

콩나물을
무치다.

'무치다'는 '나물 따위에 갖은 양념을 넣고 골고루 한데 뒤섞다'는
뜻이야.

보물이
땅속에 묻히다.

물감을
얼굴에 묻히다.

'묻다'는 물건을 흙이나 다른 물건 속에 넣어 보이지 않게 덮는다는 뜻이야.
가루, 풀, 물 등이 다른 물체에 들러붙거나 흔적이 남을 때에도 사용해.
남의 행동으로 인해 이루어지는 의미로 쓸 때는 '묻히다'라고 해.

**알맞은 단어에 ○를 표시해 보세요.**

ㄱㄱㄱㄱㄱㄱ

♥ 표시된 곳에 금은보화가 (무치다 / 묻히다).

♥ 시금치를 (무쳐 / 묻혀) 먹으니 맛있다.

 **바르게 따라 써 보세요.**

| 무 | 치 | 다 | | 묻 | 히 | 다 |
|---|---|---|---|---|---|---|
| 무 | 치 | 다 | | 묻 | 히 | 다 |
| | | | | | | |

| 큰 | 엄 | 마 | 가 | | 콩 | 나 | 물 | 을 | | 무 | 치 | 다 | . |
|---|---|---|---|---|---|---|---|---|---|---|---|---|---|
| 큰 | 엄 | 마 | 가 | | 콩 | 나 | 물 | 을 | | 무 | 치 | 다 | . |
| | | | | | | | | | | | | | |

| 보 | 물 | 이 | | 땅 | 속 | 에 | | 묻 | 혀 | | 있 | 다 | . |
|---|---|---|---|---|---|---|---|---|---|---|---|---|---|
| 보 | 물 | 이 | | 땅 | 속 | 에 | | 묻 | 혀 | | 있 | 다 | . |
| | | | | | | | | | | | | | |

## 바치다 / 받치다  vs 받히다 / 밭치다

(보석을) 바치다

 '바치다[바치대]'는 '신이나 웃어른에게 드리다'라는 뜻이야. '조상님께 차례 음식을 바치다' 처럼 써.

(문에 머리를) 받히다

'받히다[바치대]'는 '세차게 부딪치다'라는 뜻이야. '자동차에 받히다'처럼 써.

(우산을) 받치다

 '받치다[받치대]'는 '물건의 밑이나 옆 따위에 다른 물체를 대다'라는 뜻이야. '두 손을 머리에 받치고 누웠다'처럼 써.

(채소를 체에) 밭치다

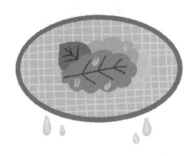

'밭치다[받치대]'는 '구멍 뚫린 물건 위에 국수나 야채 따위를 올려 물기를 빼다'라는 뜻이야. '물에 씻은 상추를 채반에 밭치다'처럼 써.

**알맞은 단어에 ○를 표시해 보세요.**

콩쥐의 일기 ✏️

나는 오늘 고을 사또에게 (바칠 / 받힐) 쌀을 모으고,

남은 쌀은 씻어서 체에 (밭쳤다 / 바쳤다).

부엌에서 나오는데 머리가 문에 (받혀서 / 받쳐서) 너무 아팠다.

하지만 너무 피곤해서 두 손을 머리에 (바치고 / 받치고) 누우니 잠이 스르르 왔다.

 **바르게 따라 써 보세요.**

| 보 | 석 | 을 | | 임 | 금 | 님 | 께 | | 바 | 치 | 다 | . |

| 문 | 에 | | 머 | 리 | 를 | | 받 | 히 | 다 | . |

| 우 | 산 | 을 | | 받 | 치 | 다 | . |

| 채 | 소 | 를 | | 체 | 에 | | 밭 | 치 | 다 | . |

# 반둣이  VS 반드시

의자에
반듯이 앉다.

 '반듯이'는 '반듯하게', '똑바르게'라는 뜻이야.

이건 반드시 지켜야 할 약속이야.

 '반드시'는 '틀림없이', '꼭'이라는 뜻이야.

**알맞은 단어에 ○를 표시해 보세요.**

♥ 나는 (반듯이 / 반드시) 새해에는 동생과 싸우지 않겠다.

♥ 선수들은 벤치에 (반듯이 / 반드시) 앉아 있었다.

 **바르게 따라 써 보세요.**

| 반 | 듯 | 이 |
|---|---|---|
| 반 | 듯 | 이 |
|   |   |   |

| 반 | 드 | 시 |
|---|---|---|
| 반 | 드 | 시 |
|   |   |   |

| 물 | 건 | 을 | | 반 | 듯 | 이 | | 정 | 리 | 했 | 어 | 요 | . |
|---|---|---|---|---|---|---|---|---|---|---|---|---|---|
| 물 | 건 | 을 | | 반 | 듯 | 이 | | 정 | 리 | 했 | 어 | 요 | . |
|   |   |   |   |   |   |   |   |   |   |   |   |   |   |

| 진 | 실 | 은 | | 반 | 드 | 시 | | 밝 | 혀 | 집 | 니 | 다 | . |
|---|---|---|---|---|---|---|---|---|---|---|---|---|---|
| 진 | 실 | 은 | | 반 | 드 | 시 | | 밝 | 혀 | 집 | 니 | 다 | . |
|   |   |   |   |   |   |   |   |   |   |   |   |   |   |

## 배다 VS 베다

> 저녁때 고기를 먹었더니 냄새가 옷에 배었어.

 스며들거나 스며 나오는 것, 또는 버릇되어 익숙해지는 것을 '배다'라고 해. '옷에 땀이 배다', '좋은 습관이 몸에 배었다' 등으로 쓸 수 있어.

> 엄마! 손가락을 베었어요. 피가 나요.

 '베다'는 칼처럼 날이 있는 물건으로 무엇을 끊거나 자르는 것을 말해. 누울 때 베개를 머리 아래에 받치는 것도 '베다'야. '나무를 베다', '베개를 베다' 등으로 써.

♥ 산에서 나무를 함부로 (배는 / 베는) 사람들이 늘었습니다.

♥ 공부하는 습관이 몸에 (배었다 / 베었다).

| 배 | 다 | | 베 | 다 |
|---|---|---|---|---|
| 배 | 다 | | 베 | 다 |
| | | | | |

| 옷 | 에 | | 김 | 치 | | 국 | 물 | 이 | | 배 | 었 | 다 | . |
|---|---|---|---|---|---|---|---|---|---|---|---|---|---|
| 옷 | 에 | | 김 | 치 | | 국 | 물 | 이 | | 배 | 었 | 다 | . |
| | | | | | | | | | | | | | |

| 나 | 무 | 를 | | 함 | 부 | 로 | | 베 | 지 | | 마 | 요 | . |
|---|---|---|---|---|---|---|---|---|---|---|---|---|---|
| 나 | 무 | 를 | | 함 | 부 | 로 | | 베 | 지 | | 마 | 요 | . |
| | | | | | | | | | | | | | |

115

부치다  VS  붙이다

소포 부치는 곳    국제 우편 부치는 곳

'부치다'는 편지나 물건 등을 다른 사람에게 보내는 것, 혹은 프라이팬에 기름을 두르고 음식을 익혀서 만드는 것을 뜻해.
'편지를 부치다', '김치전을 부치다' 같이 사용할 수 있어.

우표를 붙였는지 확인해 주세요.

보내는 사람

받는 사람

안 내

맞닿아서 떨어지지 않는 것을 '붙다'라고 해. 물건에 가격표가 '붙어' 있고, 누나가 대학 입학시험에 '붙고', 나무에 불이 '붙고'처럼 써.
'붙다'를 이용해 만든 말이 '붙이다'야.

**알맞게 선을 이어 문장을 완성해 보세요.**

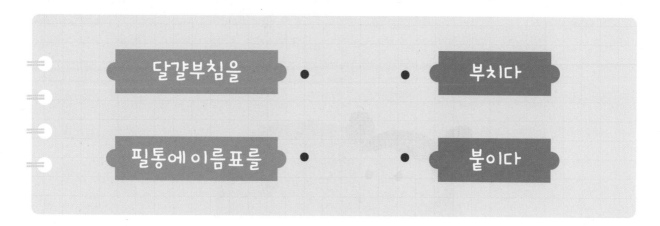

달걀부침을 • • 부치다

필통에이름표를 • • 붙이다

 **바르게 따라 써 보세요.**

| 부 | 치 | 다 |
|---|---|---|
| 부 | 치 | 다 |
|  |  |  |

| 붙 | 이 | 다 |
|---|---|---|
| 붙 | 이 | 다 |
|  |  |  |

| 친 | 구 | 에 | 게 | 편 | 지 | 를 | 부 | 쳤 | 어 | 요 | . |
|---|---|---|---|---|---|---|---|---|---|---|---|
| 친 | 구 | 에 | 게 | 편 | 지 | 를 | 부 | 쳤 | 어 | 요 | . |
|  |  |  |  |  |  |  |  |  |  |  |  |

| 색 | 종 | 이 | 를 | 붙 | 여 | 서 | 꾸 | 몄 | 어 | 요 | . |
|---|---|---|---|---|---|---|---|---|---|---|---|
| 색 | 종 | 이 | 를 | 붙 | 여 | 서 | 꾸 | 몄 | 어 | 요 | . |
|  |  |  |  |  |  |  |  |  |  |  |  |

비추다 vs 비치다

손전등을 비추다.

 '비추다'는 어떤 것이 무엇을 밝게 하거나, 무엇을 보이게 할 때 주로
사용해. 그래서 '~을/를 비추다'의 형태로 많이 써.

호수에 달빛이 비치다.

 '비치다'는 어떤 것이 어떻게 보이게 된 것인지를 나타낼 때 주로 써.
그래서 '~이/가 비치다'의 형태로 많이 써.

**알맞은 단어에 ○를 표시해 보세요.**

♩♩♩♩♩

♥ 그 옷을 입으면 속옷이 (비춘다 / 비친다).

♥ 태양은 우리 앞을 (비춘다 / 비친다).

 **바르게 따라 써 보세요.**

| 비 | 추 | 다 |
|---|---|---|
| 비 | 추 | 다 |
| | | |

| 비 | 치 | 다 |
|---|---|---|
| 비 | 치 | 다 |
| | | |

| 손 | 가 | 락 | 을 | | 손 | 전 | 등 | 에 | | 비 | 추 | 다 | . |
|---|---|---|---|---|---|---|---|---|---|---|---|---|---|
| 손 | 가 | 락 | 을 | | 손 | 전 | 등 | 에 | | 비 | 추 | 다 | . |
| | | | | | | | | | | | | | |

| 강 | 아 | 지 | 의 | | 그 | 림 | 자 | 가 | | 비 | 치 | 다 | . |
|---|---|---|---|---|---|---|---|---|---|---|---|---|---|
| 강 | 아 | 지 | 의 | | 그 | 림 | 자 | 가 | | 비 | 치 | 다 | . |
| | | | | | | | | | | | | | |

빗다 VS 빚다

머리를 빗다.

'빗다'는 머리털을 빗으로 가지런히 고르는 것을 말해. '머리를 빗다'라고 표현해. 강아지의 털을 고르게 해 주는 것도 '빗다'라고 해.

송편을 빚다.

가루를 반죽해서 만두, 송편 등을 만드는 것, 흙으로 도자기를 만드는 것은 '빚다'라고 써. 추석에 송편을 만드는 것을 '송편을 빚다'라고 표현해. 도자기나 만두도 '빚다'라고 표현해.

120

♥ 손으로 직접 (빗은 / 빚은) 만두를 판매합니다.

♥ 헝클어진 머리를 정성스레 (빗어 / 빚어) 주었다.

 바르게 따라 써 보세요.

| 빗 | 다 | | 빚 | 다 |
|---|---|---|---|---|
| 빗 | 다 | | 빚 | 다 |
| | | | | |

| 강 | 아 | 지 | 의 | | 털 | 을 | | 빗 | 어 | | 주 | 다 | . |
|---|---|---|---|---|---|---|---|---|---|---|---|---|---|
| 강 | 아 | 지 | 의 | | 털 | 을 | | 빗 | 어 | | 주 | 다 | . |
| | | | | | | | | | | | | | |

| 양 | 손 | 으 | 로 | | 도 | 자 | 기 | 를 | | 빚 | 었 | 다 | . |
|---|---|---|---|---|---|---|---|---|---|---|---|---|---|
| 양 | 손 | 으 | 로 | | 도 | 자 | 기 | 를 | | 빚 | 었 | 다 | . |
| | | | | | | | | | | | | | |

# 새우다  VS 세우다

책을 읽느라 밤을 새우다.

 '새우다'는 한숨도 자지 않고 밤을 지내는 경우에 주로 쓰는 말이야.

들판에 허수아비를 세우다.

 위를 향하여 똑바로 쭉 뻗어 곧게 하는 것을 '서다'라고 해.
그런데 스스로 혼자서는 설 수 없는 것을 서게 할 때, 그것을 '세우다'라고 하지.
스스로 설 수 없는 허수아비를 농부가 들판에 '세우고' 있겠지?

| 밤을 | ● | ● | 새우다 |
|------|---|---|--------|
| 깃대를 | ● | ● | 세우다 |

바르게 따라 써 보세요.

| 새 | 우 | 다 |
|----|----|----|
| 새 | 우 | 다 |
|    |    |    |

| 세 | 우 | 다 |
|----|----|----|
| 세 | 우 | 다 |
|    |    |    |

| 책 | 을 |  | 읽 | 느 | 라 |  | 밤 | 을 |  | 새 | 우 | 다 | . |
|----|----|----|----|----|----|----|----|----|----|----|----|----|----|
| 책 | 을 |  | 읽 | 느 | 라 |  | 밤 | 을 |  | 새 | 우 | 다 | . |
|    |    |    |    |    |    |    |    |    |    |    |    |    |    |

| 들 | 판 | 에 |  | 허 | 수 | 아 | 비 | 를 |  | 세 | 우 | 다 | . |
|----|----|----|----|----|----|----|----|----|----|----|----|----|----|
| 들 | 판 | 에 |  | 허 | 수 | 아 | 비 | 를 |  | 세 | 우 | 다 | . |
|    |    |    |    |    |    |    |    |    |    |    |    |    |    |

# 안치다  VS 앉히다

쌀을 밥솥에 안치다.

 '안치다'는 '밥, 떡, 찌개 등을 만들기 위해 그 재료를 솥이나 냄비에 넣고 불 위에 올리다'라는 뜻이야.

동생을 의자에 앉히다.

 '앉다'가 원래 말인데, 남의 행동으로 인해 이루어지는 의미로 쓸 때는 '앉히다'라고 해.

♥ 동생을 앞에 (안치고 / 앉히고) 학예회 연습을 했다.

♥ 찌개를 불 위에 (안쳤다 / 앉혔다).

바르게 따라 써 보세요.

| 안 | 치 | 다 |
|---|---|---|
| 안 | 치 | 다 |
|  |  |  |

| 앉 | 히 | 다 |
|---|---|---|
| 앉 | 히 | 다 |
|  |  |  |

| 쌀 | 을 |  | 씻 | 고 |  | 밥 | 솥 | 에 |  | 안 | 치 | 다 | . |
|---|---|---|---|---|---|---|---|---|---|---|---|---|---|
| 쌀 | 을 |  | 씻 | 고 |  | 밥 | 솥 | 에 |  | 안 | 치 | 다 | . |
|  |  |  |  |  |  |  |  |  |  |  |  |  |  |

| 동 | 생 | 을 |  | 흔 | 들 | 의 | 자 | 에 |  | 앉 | 히 | 다 | . |
|---|---|---|---|---|---|---|---|---|---|---|---|---|---|
| 동 | 생 | 을 |  | 흔 | 들 | 의 | 자 | 에 |  | 앉 | 히 | 다 | . |
|  |  |  |  |  |  |  |  |  |  |  |  |  |  |

125

## 않 ⟨vs⟩ 안

어렵지 않아.

걱정 안 해도 돼.

'않'은 '아니하(다)'의
줄임말이야.

'안'은 '아니'의
줄임말이야.

'안'과 '않'이 들어가는 자리에 '아니'와 '아니하'를 넣어 보면 구별할 수 있어.
'스케이트를 안 타 봤다'는 '스케이트를 <u>아니</u> 타 봤다'로 바꾸면
어색하지 않은 것으로 보아 '않'이 아니라 '안'이 맞아.
'스케이트를 <u>아니하</u> 타 봤다'는 어색해.

구별법 하나 더!
'안'이나 '않'을 빼고 문장을 읽었을 때
자연스럽게 읽히면 '안', 자연스럽지 않으면 '않'을 써야 해.
아래의 문장에서 빈칸을 빼고 읽어 봐.

꽃이 ☐ 예쁘다. (자연스러운 문장) ⇨ 꽃이 안 예쁘다.
어렵지 ☐ 아. (자연스럽지 않은 문장) ⇨ 어렵지 않아.

**바르게 쓴 곳에 색칠해 보세요.**

늦지 안게 와.

늦지 않게 와.

 **바르게 따라 써 보세요.**

| 않 | 안 |
|---|---|
| 않 | 안 |
| | |

| 이 | 런 | | 문 | 제 | 는 | | 어 | 렵 | 지 | | 않 | 다 | . |
|---|---|---|---|---|---|---|---|---|---|---|---|---|---|
| 이 | 런 | | 문 | 제 | 는 | | 어 | 렵 | 지 | | 않 | 다 | . |
| | | | | | | | | | | | | | |

| 그 | 건 | | 걱 | 정 | | 안 | | 해 | 도 | | 된 | 다 | . |
|---|---|---|---|---|---|---|---|---|---|---|---|---|---|
| 그 | 건 | | 걱 | 정 | | 안 | | 해 | 도 | | 된 | 다 | . |
| | | | | | | | | | | | | | |

# 어떻게  VS 어떡해

이거 어떻게 푸는 거야?

123
÷4
=?

567
×89
=?

 '어떻게'는 '어떻다'라는 단어 뒤에 '-게'가 붙어 모양이 바뀌어 쓰이는 표현이야. '어떻다+게=어떻게'인 거지.

내일 소풍 가는 날인데 일찍 못 일어나면 어떡해.

 '어떻게 해'가 줄어들면 '어떡해'가 돼.
또 '어떻게 하지?'는 줄어들면 '어떡하지?'라고 해.

**바르게 쓴 곳에 색칠해 보세요.**

책을 안 가져 왔는데, 어떻하지?

책을 안 가져 왔는데, 어떡하지?

 **바르게 따라 써 보세요.**

| 어 | 떻 | 게 |
|---|---|---|
| 어 | 떻 | 게 |
|  |  |  |

| 어 | 떡 | 해 |
|---|---|---|
| 어 | 떡 | 해 |
|  |  |  |

| 이 |  | 문 | 제 | 는 |  | 어 | 떻 | 게 |  | 풀 | 어 | 요 | ? |
|---|---|---|---|---|---|---|---|---|---|---|---|---|---|
| 이 |  | 문 | 제 | 는 |  | 어 | 떻 | 게 |  | 풀 | 어 | 요 | ? |
|  |  |  |  |  |  |  |  |  |  |  |  |  |  |

| 일 | 찍 |  | 못 |  | 일 | 어 | 나 | 면 |  | 어 | 떡 | 해 | . |
|---|---|---|---|---|---|---|---|---|---|---|---|---|---|
| 일 | 찍 |  | 못 |  | 일 | 어 | 나 | 면 |  | 어 | 떡 | 해 | . |
|  |  |  |  |  |  |  |  |  |  |  |  |  |  |

## 업다 vs 엎다

오늘 운동회에서
아빠가 동생을 업고
달리기를 하셨다.

사람이나 동물을 등에 대고 손으로 붙잡거나 무엇으로 동여매 붙어 있게
하는 것을 '업다'라고 해. 우리는 가끔 동생도 업어 주고, 인형도 업어 주고,
강아지도 업어 주잖아.

아빠는 발을 헛디뎌
엎어지셨다.

물건을 거꾸로 돌려 위가 밑을 향하게 하거나, 그릇을 넘어뜨려 속에 든 것이 쏟아
지게 하는 것, 제대로 있는 것을 넘어뜨리는 것은 '엎다'라고 해.

**알맞은 단어에 ○를 표시해 보세요.**

♥ 동생은 자꾸 (업어 / 엎어) 달라고 떼썼다.

 **바르게 따라 써 보세요.**

| 업 | 다 | | 엎 | 다 |
|---|---|---|---|---|
| 업 | 다 | | 엎 | 다 |
| | | | | |

| 운 | 동 | 회 | 에 | 서 | | 동 | 생 | 을 | | 업 | 었 | 다 | . |
|---|---|---|---|---|---|---|---|---|---|---|---|---|---|
| 운 | 동 | 회 | 에 | 서 | | 동 | 생 | 을 | | 업 | 었 | 다 | . |
| | | | | | | | | | | | | | |

| 오 | 른 | 발 | 을 | | 헛 | 디 | 뎌 | | 엎 | 어 | 졌 | 다 | . |
|---|---|---|---|---|---|---|---|---|---|---|---|---|---|
| 오 | 른 | 발 | 을 | | 헛 | 디 | 뎌 | | 엎 | 어 | 졌 | 다 | . |
| | | | | | | | | | | | | | |

## -예요 vs -에요

> 아빠가
> 최고예요.

 '-예요'는 '-이에요'의 줄임말이야. 그런데 항상 줄여서 쓸 수 있는 것은 아니고, 앞말에 받침이 없을 때에만 줄여서 쓸 수 있어.

> 아빠,
> 제가 그린 그림이에요.

 '-에요'는 '-이다', '-가 아니다'의 모양을 바꿔서 쓸 때 사용해.

**바르게 쓴 곳에 색칠해 보세요.**

이것은
컵이에요.

이것은
컵이예요.

 **바르게 따라 써 보세요.**

| 예 | 요 |
|---|---|
| 예 | 요 |
|   |   |

| 에 | 요 |
|---|---|
| 에 | 요 |
|   |   |

| 이 | 것 | 은 |   | 우 | 리 |   | 집 |   | 주 | 소 | 예 | 요 | . |
|---|---|---|---|---|---|---|---|---|---|---|---|---|---|
| 이 | 것 | 은 |   | 우 | 리 |   | 집 |   | 주 | 소 | 예 | 요 | . |
|   |   |   |   |   |   |   |   |   |   |   |   |   |   |

| 제 | 가 |   | 그 | 린 |   | 꽃 |   | 그 | 림 | 이 | 에 | 요 | . |
|---|---|---|---|---|---|---|---|---|---|---|---|---|---|
| 제 | 가 |   | 그 | 린 |   | 꽃 |   | 그 | 림 | 이 | 에 | 요 | . |
|   |   |   |   |   |   |   |   |   |   |   |   |   |   |

| 왠 | vs | 웬 |

동생이 선물을 받으니 왠지
나도 너무 기쁘고 설렜다.

'왠지'는 '왜인지'의 줄임말이야. 이유나 까닭을 나타내는 '왜' 뒤에
'-인지'가 붙어 '왜인지'가 되는데, 이것을 줄이면 '왠지'가 돼.

어머, 웬일이니!

'웬'은 '어찌 된, 어떠한'의 뜻을 가지고 있는 말이야. '어찌 된 일'은 '웬일',
'어떠한 만큼'은 '웬만큼'으로 쓸 수 있어.
또한 '이, 그, 저' 등이 쓰이는 곳에 '웬'을 쓸 수 있어. 예를 들어 '이 떡'을
'웬 떡'으로, '그 사람들'을 '웬 사람들' 등으로 바꿔서 쓸 수 있어.

**바르게 쓴 곳에 색칠해 보세요.**

이게 웬걸!

이게 왠걸!

 **바르게 따라 써 보세요.**

| 왜 | 웬 |
|---|---|
| 왜 | 웬 |
|  |  |

| 왠 | 지 |  | 나 | 도 |  | 너 | 무 |  | 기 | 뻤 | 어 | 요 | . |
|---|---|---|---|---|---|---|---|---|---|---|---|---|---|
| 왠 | 지 |  | 나 | 도 |  | 너 | 무 |  | 기 | 뻤 | 어 | 요 | . |
|  |  |  |  |  |  |  |  |  |  |  |  |  |  |

| 웬 | 일 | 인 | 지 |  | 다 | 시 |  | 읽 | 고 |  | 싶 | 어 | . |
|---|---|---|---|---|---|---|---|---|---|---|---|---|---|
| 웬 | 일 | 인 | 지 |  | 다 | 시 |  | 읽 | 고 |  | 싶 | 어 | . |
|  |  |  |  |  |  |  |  |  |  |  |  |  |  |

# 조리다  VS 졸이다

보글보글 끓으면 불을
약하게 해 감자를 조린다.

 고기나 생선, 채소를 넣고 바짝 끓여서 양념이 배어들게 하는 것을 '조리다'라고
해. 또한, 설탕물이나 꿀에 넣고 계속 끓여서 단맛이 배어들게 하는 것도 '조리다'
라고 해.

시험을 앞두고 마음을 졸이다.

 '졸이다'는 속을 태우듯이 초조해하는 거야.

멸치와
고추를 간장에 • • 졸이다

거짓말을 들킬까봐
마음을 • • 조리다

| 조 | 리 | 다 |
|---|---|---|
| 조 | 리 | 다 |
| | | |

| 졸 | 이 | 다 |
|---|---|---|
| 졸 | 이 | 다 |
| | | |

| 맛 | 있 | 는 | | 간 | 장 | 에 | | 조 | 리 | 는 | | 음 | 식 |
|---|---|---|---|---|---|---|---|---|---|---|---|---|---|
| 맛 | 있 | 는 | | 간 | 장 | 에 | | 조 | 리 | 는 | | 음 | 식 |
| | | | | | | | | | | | | | |

| 마 | 음 | 을 | | 졸 | 이 | 면 | 서 | | 기 | 다 | 리 | 다 | . |
|---|---|---|---|---|---|---|---|---|---|---|---|---|---|
| 마 | 음 | 을 | | 졸 | 이 | 면 | 서 | | 기 | 다 | 리 | 다 | . |
| | | | | | | | | | | | | | |

| 찢다 | vs | 찧다 |

책을 찢지 마세요.

물건을 잡아당겨 가르는 것을 '찢다'라고 해. 미술 시간에 색종이를 찢어 붙이는 것에도 '찢다'를 써.

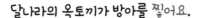
달나라의 옥토끼가 방아를 찧어요.

'찧다'는 곡식 등을 빻으려고 절구에 담아 절굿공이로 내리치거나, 무거운 물체를 들어서 아래에 있는 물건을 내리치는 것을 뜻해. 작은 절구에 마늘을 넣어 찧기도 하고, 무거운 물건을 들고 가다 떨어뜨려서 발등을 찧기도 하지.

**알맞게 선을 이어 문장을 완성해 보세요.**

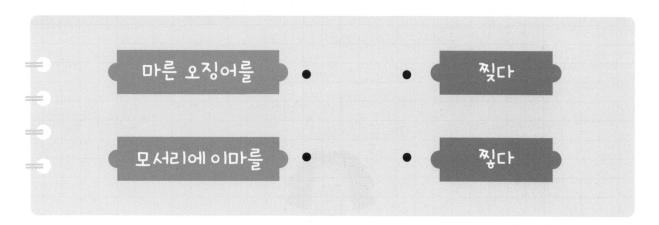

마른 오징어를 • • 찢다

모서리에 이마를 • • 찧다

**바르게 따라 써 보세요.**

| 찢 | 다 |
| --- | --- |
| 찢 | 다 |
|  |  |

| 찧 | 다 |
| --- | --- |
| 찧 | 다 |
|  |  |

| 책 | 을 |  | 찢 | 어 | 서 |  | 벌 | 금 | 을 |  | 냈 | 다 | . |
| --- | --- | --- | --- | --- | --- | --- | --- | --- | --- | --- | --- | --- | --- |
| 책 | 을 |  | 찢 | 어 | 서 |  | 벌 | 금 | 을 |  | 냈 | 다 | . |
|  |  |  |  |  |  |  |  |  |  |  |  |  |  |

| 절 | 구 | 에 |  | 마 | 늘 | 을 |  | 넣 | 고 |  | 찧 | 다 | . |
| --- | --- | --- | --- | --- | --- | --- | --- | --- | --- | --- | --- | --- | --- |
| 절 | 구 | 에 |  | 마 | 늘 | 을 |  | 넣 | 고 |  | 찧 | 다 | . |
|  |  |  |  |  |  |  |  |  |  |  |  |  |  |

채 VS  체

비를 맞은 채 서 있었다.

 '채'는 '현재의 상태나 모습'을 나타내는 말이야.

내 남동생은 깜깜한 밤이 무섭지
않다고 용기 있는 체를 한다.

 '체'는 '거짓으로 꾸미는 태도'를 나타내는 말로 '척'으로 바꿀 수 있어.
'모르는 체를 하며 고개를 돌린다', '잘난 체한다'처럼 사용해.

**알맞은 단어에 ○를 표시해 보세요.**

♥ 아는 (채 / 체)도 안 하고 지나쳤다.

♥ 가방을 메지도 못한 (채 / 체)로 집을 나왔다.

**바르게 따라 써 보세요.**

| 채 | 체 |
|---|---|
| 채 | 체 |
|   |   |

| 산 |  | 채 | 로 |  | 물 | 고 | 기 | 를 |  | 잡 | 았 | 다 | . |
|---|---|---|---|---|---|---|---|---|---|---|---|---|---|
| 산 |  | 채 | 로 |  | 물 | 고 | 기 | 를 |  | 잡 | 았 | 다 | . |
|   |   |   |   |   |   |   |   |   |   |   |   |   |   |

| 용 | 기 |  | 없 | 는 |  | 사 | 람 | 인 |  | 체 | 하 | 다 | . |
|---|---|---|---|---|---|---|---|---|---|---|---|---|---|
| 용 | 기 |  | 없 | 는 |  | 사 | 람 | 인 |  | 체 | 하 | 다 | . |
|   |   |   |   |   |   |   |   |   |   |   |   |   |   |

## 털다 VS 떨다

이불을 **털**다.

'털다'는 '달려 있는 것, 붙어 있는 것 따위가 떨어지게 흔들거나 치거나 하다'의 뜻을 나타내. 예를 들어, 이불에 붙어 있는 먼지를 없앨 때 이불을 흔드니까 이불에는 '털다'를 써.

먼지를 **떨**다.

'떨다'는 '달려 있거나 붙어 있는 것을 쳐서 떼어 내다'의 뜻을 나타내. 예를 들어, 먼지는 떼어 내는 것이니깐 먼지는 '떨다'를 써야 해. 청소할 때, 주로 사용하는 도구는 '먼지떨이'라고 하잖아. 먼지를 없앨 때 사용하는 도구니까 '떨다'를 써. '재떨이'도 재를 떨어내는 데 사용하는 도구니까 '떨다'를 써.

♥ 이불을 (털어 / 떨어) 먼지를 (털다 / 떨다).

바르게 따라 써 보세요.

| 털 | 다 | | 떨 | 다 |
|---|---|---|---|---|
| 털 | 다 | | 떨 | 다 |
| | | | | |

| 이 | 불 | 을 | | 터 | 니 | | 먼 | 지 | 가 | | 나 | 요 | . |
|---|---|---|---|---|---|---|---|---|---|---|---|---|---|
| 이 | 불 | 을 | | 터 | 니 | | 먼 | 지 | 가 | | 나 | 요 | . |
| | | | | | | | | | | | | | |

| 양 | 손 | 으 | 로 | | 먼 | 지 | 를 | | 떨 | 어 | 내 | 다 | . |
|---|---|---|---|---|---|---|---|---|---|---|---|---|---|
| 양 | 손 | 으 | 로 | | 먼 | 지 | 를 | | 떨 | 어 | 내 | 다 | . |
| | | | | | | | | | | | | | |

## 정답

**1일째** 갯수❌ 개수⭕

알맞은 것끼리 선으로 이어 보세요.

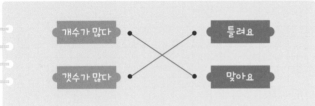

개수가 많다 ╳ 틀려요

갯수가 많다 ╳ 맞아요

**2일째** 곱배기❌ 곱빼기⭕

알맞은 것끼리 선으로 이어 보세요.

곱빼기 ╳ 틀려요

곱배기 ╳ 맞아요

**3일째** 길다란❌ 기다란⭕

알맞은 단어에 ○를 표시해 보세요.

♥ 기린은 (길다란 /(기다란) 목을 가지고 있다.
♥ 엄마의 치맛자락이 (기다랗다 / 길다랗다).
♥ (기다란/ 길다란) 화병에 꽃이 꽂혀 있다.

**4일째** 깍다❌ 깎다⭕

알맞게 선을 이어 문장을 완성해 보세요.

손톱을 ──── 깎아서 쓰레기통에 버렸다.

나무를 ──── 깎아서 만든 인형

**5일째** -께요❌ -게요⭕

알맞은 단어에 ○를 표시해 보세요.

♥ 앞으로 열심히 노력(할께요 /(할게요).
♥ 조금 있다가 (마실께요 /(마실게요).
♥ 생각(할수록)/ 할쑤록) 화가 난다.

**6일째** 꼼꼼이❌ 꼼꼼히⭕

틀린 부분을 알맞게 고쳐 보세요.

♥ 포장지로 상자를 꼼꼼이 감싸요.
⇨ 포장지로 상자를 꼼꼼히 감싸요.

♥ 포장지가 떨어지지 않도록 꼼꼼이 테이프를 붙여요.
⇨ 포장지가 떨어지지 않도록 꼼꼼히 테이프를 붙여요.

**7일째** 나갈려면 ⓧ **나가려면** ◎

알맞은 단어에 O를 표시해 보세요.

♥ 급식을 (먹을려면 / 먹으려면) 먼저 손을 씻고 오세요.

♥ 운동장에 (나가려면 / 나갈려면) 식판을 깨끗하게 정리하세요.

**10일째** 넙적하다 ⓧ **넓적하다** ◎

알맞은 것끼리 선으로 이어 보세요.

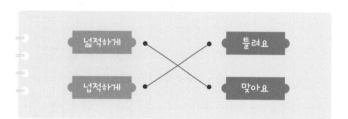

넓적하게 ———— 맞아요

넙적하게 ———— 틀려요

**8일째** 날라가다 ⓧ **날아가다** ◎

알맞게 선을 이어 문장을 완성해 보세요.

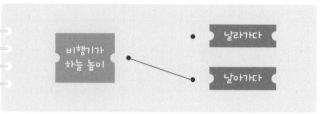

비행기가 하늘 높이 ———— 날아가다

**11일째** 눈꼽 ⓧ **눈곱** ◎

알맞은 것끼리 선으로 이어 보세요.

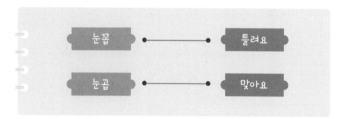

눈꼽 ———— 틀려요

눈곱 ———— 맞아요

**9일째** 낭떨어지 ⓧ **낭떠러지** ◎

알맞은 것끼리 선으로 이어 보세요.

낭떨어지 ———— 틀려요

낭떠러지 ———— 맞아요

**12일째** 담구다 ⓧ **담그다** ◎

알맞은 것끼리 선으로 이어 보세요.

김치 담구는 날 ———— 틀려요

김치 담그는 날 ———— 맞아요

**13일째** 덥썩 ❌ **덥석** ⭕

🐸 알맞은 단어에 ○를 표시해 보세요.

♥ 너무 배가 고파 통닭을 (덥썩 / (덥석)) 물었다.

♥ 가위로 종이를 ((싹뚝) / 싹둑) 잘랐다.

♥ 오늘도 쉬는 시간에 (딱찌 / (딱지))를 가지고 놀았다.

---

**14일째** 돼다 ❌ **되다** ⭕

🐸 알맞게 선을 이어 문장을 완성해 보세요.

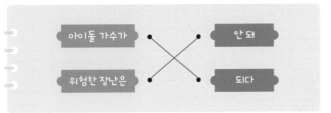

---

**15일째** 두루말이 ❌ **두루마리** ⭕

🐸 알맞은 단어에 ○를 표시해 보세요.

♥ 마트에서 (두루말이 / (두루마리)) 휴지를 샀다.

♥ 우리 엄마의 (달걀마리 / (달걀말이))는 맛있다.

---

**16일째** 등교길 ❌ **등굣길** ⭕

🐸 알맞은 단어에 ○를 표시해 보세요.

♥ 우리 (등교길 / (등굣길))에 만나자.

♥ 놀이터에서 (쇠조각 / (쇳조각))을 밟지 않게 조심해요.

---

**17일째** 몇 일 ❌ **며칠** ⭕

🐸 알맞게 선을 이어 문장을 완성해 보세요.

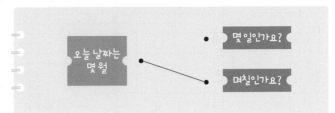

---

**18일째** 무릎쓰다 ❌ **무릅쓰다** ⭕

🐸 알맞은 것끼리 선으로 이어 보세요.

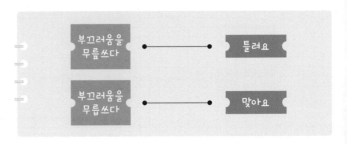

**19**일째 베게 ❌ 베개 ⭕

밑줄 친 부분을 바르게 고쳐 보세요.

♥ 그래, 우리 파자마 파티할 때 <u>베게</u> 싸움도 하자.
⇨ 그래, 우리 파자마 파티할 때 베개 싸움도 하자.

♥ <u>베게</u> 싸움? 너무 재밌겠다.
⇨ 베개 싸움? 너무 재밌겠다.

 **20**일째 비로서 ❌ 비로소 ⭕

알맞은 것끼리 선으로 이어 보세요.

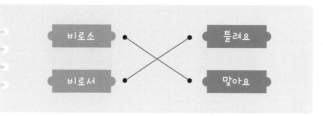

 **21**일째 빼앗기다 ❌ 빼앗기다 ⭕

바르게 쓴 곳에 색칠해 보세요.

 빼앗긴 나라    빼았긴 나라    재물을 빼앗다    재물을 빼았다

**22**일째 새침떼기 ❌ 새침데기 ⭕

알맞은 것끼리 선으로 이어 보세요.

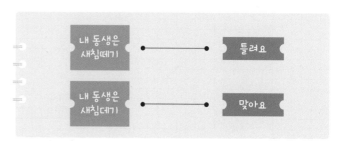

**23**일째 수근거리다 ❌ 수군거리다 ⭕

알맞은 단어에 O를 표시해 보세요.

♥ 사람들이 ( 수근거리는 / (수군거리는) ) 소리를 들었다.
♥ 도서관에서는 ( 소근소근 / (소곤소곤) ) 이야기해야 한다.

**24**일째 숨박꼭질 ❌ 숨바꼭질 ⭕

알맞은 것끼리 선으로 이어 보세요.

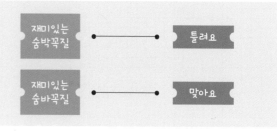

**25일째** 어의없다 ⊗ **어이없다** ◎

🐸 알맞게 선을 이어 문장을 완성해 보세요.

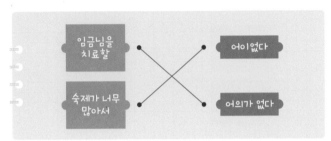

임금님을 치료할 ─┐ ┌─ 어이없다
숙제가 너무 많아서 ─┘ └─ 어의가 없다

 **26일째** 오랫만에 ⊗ **오랜만에** ◎

🐸 틀리게 쓴 곳에 색칠해 보세요.

 오랜만에 먹는 치킨    정말 오랜만이야    오랫만에 가는 여행    오래간만에 만나자

**27일째** 온갓 ⊗ **온갖** ◎

🐸 알맞은 단어에 O를 표시해 보세요.

♥ (온갓 / 온갖) 허드렛일
♥ (온갖 / 온갓) 집안일
♥ (온갓 / 온갖) 필요한 것들

---

**28일째** 웅큼 ⊗ **움큼** ◎

🐸 알맞은 것끼리 선으로 이어 보세요.

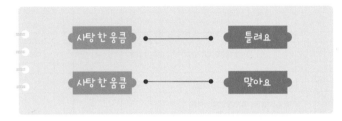

사탕 한 웅큼 ───── 틀려요
사탕 한 움큼 ───── 맞아요

**29일째** 졸립다 ⊗ **졸리다** ◎

🐸 알맞은 것끼리 선으로 이어 보세요.

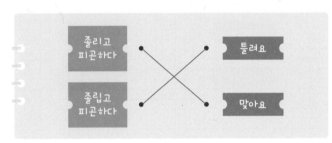

졸리고 피곤하다 ─┐ ┌─ 틀려요
졸립고 피곤하다 ─┘ └─ 맞아요

**30일째** 찌게 ⊗ **찌개** ◎

🐸 알맞은 것끼리 선으로 이어 보세요.

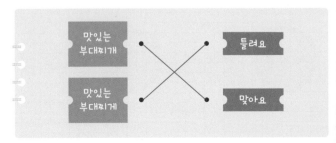

맛있는 부대찌개 ─┐ ┌─ 틀려요
맛있는 부대찌게 ─┘ └─ 맞아요

**31**일째　가르치다 vs 가리키다

 알맞은 단어에 ○를 표시해 보세요.

♥ 아이들에게 국어를 (가르치고 / 가리키고) 있어요.

♥ 손가락으로 하늘을 (가르쳐 / 가리켜) 보세요.

**32**일째　거치다 vs 걷히다

 알맞은 단어에 ○를 표시해 보세요.

♥ 초등학교를 (거치고 / 걷히고) 중학교로 올라간다.

♥ 구름이 (거치고 / 걷히고) 파란 하늘이 나왔다.

**33**일째　그럼으로 vs 그러므로

 알맞은 단어에 ○를 표시해 보세요.

♥ 내일 날씨가 춥다. (그럼으로 / 그러므로) 내일 옷을
따뜻하게 입어야 한다.

♥ 나는 열심히 봉사한다. (그럼으로 / 그러므로) 보람을 느낀다.

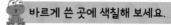 **34**일째　껍데기 vs 껍질

알맞게 쓴 곳에 색칠해 보세요.

 껍데기를 깨다　　 껍질을 깨다

**35**일째　낳다 vs 낫다

알맞은 단어에 ○를 표시해 보세요.

♥ 어디가 아픈지 몰라도 빨리 (낳았으면 / 나았으면) 좋겠어.

♥ 아이 세 명을 (낳고 / 낫고) 싶다.

**36**일째　너머 vs 넘어

알맞은 단어에 ○를 표시해 보세요.

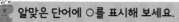
꼬부랑 할머니

꼬부랑 할머니가 꼬부랑 고갯길을
꼬부랑꼬부랑
(너머 / 넘어) 가고 있네.

149

## 37일째 늘이다 VS 늘리다

잘못된 문장의 미션 카드를 골라 보세요.

미션 카드
고무줄을
늘리시오.

미션 카드
고무줄 실력을
늘이시오.

미션 카드
고무줄을
늘이시오.

## 38일째 -든지 VS -던지

알맞은 단어에 ○를 표시해 보세요.

♥ 어디서 만나든 다 좋아. 놀이터(던지 / 든지)
학교 앞이(던지 / 든지) 모두 좋아.

♥ 어찌나 (좋던지 / 좋든지) 펄쩍 뛰었다.

## 39일째 띠다 VS 띄다

알맞은 단어에 ○를 표시해 보세요.

드라마의 인기 비결

1. 눈에 (띠는 / 띄는) 이야기

2. 눈에 (띠는 / 띄는) 연기력

## 40일째 -로써 VS -로서

알맞은 단어에 ○를 표시해 보세요.

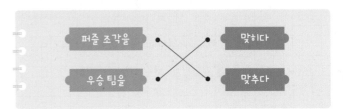

♥ 언니(로써 / 로서) 동생에게 모범이 되어야겠어요.

♥ 돈(으로써 / 으로서) 모든 걸 해결할 수 없다.

## 41일째 맞추다 VS 맞히다

알맞게 선을 이어 문장을 완성해 보세요.

퍼즐 조각을 ╳ 맞히다

우승 팀을 맞추다

## 42일째 무난하다 VS 문안하다

바르게 쓴 곳에 색칠해 보세요.

하룻밤 자고
아침에 할아버지께
문안했다.

하룻밤 자고
아침에 할아버지께
무난했다.

## 43일째  무치다 VS 묻히다

🐸 알맞은 단어에 ○를 표시해 보세요.

♫♫♫♫♫

♥ 표시된 곳에 금은보화가 (무치다 / ⟮묻히다⟯).

♥ 시금치를 (⟮무쳐⟯ / 묻혀) 먹으니 맛있다.

## 44일째  바치다 VS 받히다 VS 받치다 VS 밭치다

🐸 알맞은 단어에 ○를 표시해 보세요.

콩쥐의 일기 ✏️

나는 오늘 고을 사또에게 (⟮바칠⟯ / 받힐) 쌀을 모으고,
남은 쌀은 씻어서 체에 (⟮밭쳤다⟯ / 바쳤다).
부엌에서 나오는데 머리가 문에 (⟮받혀서⟯ / 받쳐서) 너무 아팠다.
하지만 너무 피곤해서 두 손을 머리에 (바치고 / ⟮받치고⟯) 누우니 잠이 스르르 왔다.

## 45일째  반듯이 VS 반드시

🐸 알맞은 단어에 ○를 표시해 보세요.

♥ 나는 (반듯이 / ⟮반드시⟯) 새해에는 동생과 싸우지 않겠다.

♥ 선수들은 벤치에 (⟮반듯이⟯ / 반드시) 앉아 있었다.

## 46일째  배다 VS 베다

🐸 알맞은 단어에 ○를 표시해 보세요.

♥ 산에서 나무를 함부로 (배는 / ⟮베는⟯) 사람들이
늘었습니다.

♥ 공부하는 습관이 몸에 (⟮배었다⟯ / 베었다).

## 47일째  부치다 VS 붙이다

🐸 알맞게 선을 이어 문장을 완성해 보세요.

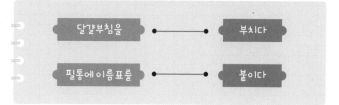

## 48일째  비추다 VS 비치다

🐸 알맞은 단어에 ○를 표시해 보세요.

♫♫♫♫♫

♥ 그 옷을 입으면 속옷이 (비춘다 / ⟮비친다⟯).

♥ 태양은 우리 앞을 (⟮비춘다⟯ / 비친다).

151

### 49일째 빗다 VS 빚다

알맞은 단어에 ○를 표시해 보세요.

- ♥ 손으로 직접 (빗은 / 빚은) 만두를 판매합니다.
- ♥ 헝클어진 머리를 정성스레 (빗어 / 빚어) 주었다.

### 50일째 새우다 VS 세우다

알맞게 선을 이어 문장을 완성해 보세요.

| 밤을 | ──── | 새우다 |
| 깃대를 | ──── | 세우다 |

### 51일째 안치다 VS 앉히다

알맞은 단어에 ○를 표시해 보세요.

- ♥ 동생을 앞에 (안치고 / 앉히고) 학예회 연습을 했다.
- ♥ 찌개를 불 위에 (안쳤다 / 앉혔다).

### 52일째 앉 VS 안

바르게 쓴 곳에 색칠해 보세요.

늦지 안게 와.    늦지 않게 와.

### 53일째 어떻게 VS 어떡해

바르게 쓴 곳에 색칠해 보세요.

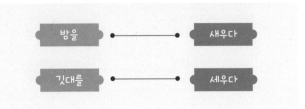

책을 안 가져 왔는데, 어떻하지?    책을 안 가져 왔는데, 어떡하지?

### 54일째 업다 VS 엎다

알맞은 단어에 ○를 표시해 보세요.

- ♥ 동생은 자꾸 (업어 / 엎어) 달라고 떼썼다.

## 55일째 -예요 VS -에요

바르게 쓴 곳에 색칠해 보세요.

이것은 컵이에요.　　이것은 컵이예요.

## 56일째 왠 VS 웬

바르게 쓴 곳에 색칠해 보세요.

이게 웬걸!　　이게 왠걸!

## 57일째 조리다 VS 졸이다

알맞게 선을 이어 문장을 완성해 보세요.

멸치와 고추를 간장에 ———— 졸이다

거짓말을 들킬까봐 마음을 ———— 조리다

## 58일째 찢다 VS 찡다

알맞게 선을 이어 문장을 완성해 보세요.

마른 오징어를 ●———● 찢다

모서리에 이마를 ●———● 찡다

## 59일째 채 VS 체

알맞은 단어에 ○를 표시해 보세요.

♥ 아는 (채 /체)도 안 하고 지나쳤다.

♥ 가방을 메지도 못한 (채)/ 체)로 집을 나왔다.

## 60일째 털다 VS 떨다

알맞은 단어에 ○를 표시해 보세요.

♥ 이불을 (털어 / 떨어) 먼지를 (털다 / 떨다).

153

20~21쪽

다음 말을 쓸 때 필요한 자음과 모음을 골라 좋아하는 색으로
연결해 보세요.

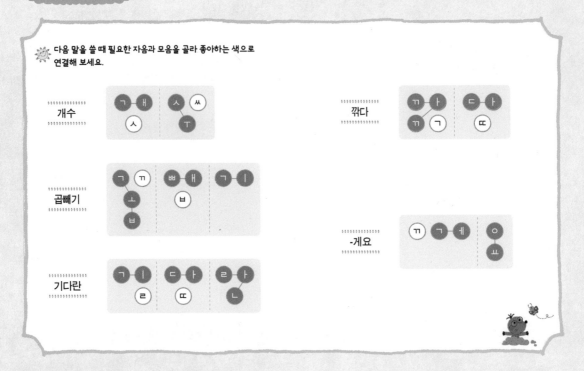

32~33쪽

다음 말을 쓸 때 필요한 자음과 모음을 골라 좋아하는 색으로
연결해 보세요.

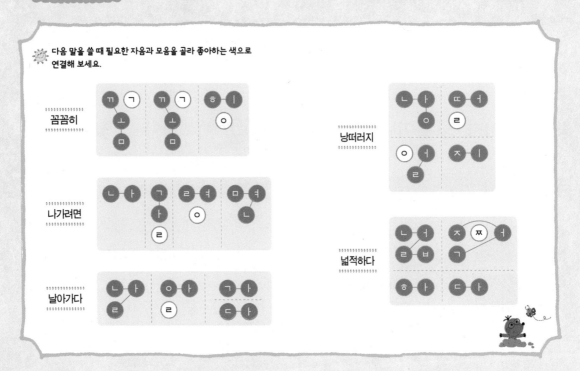

다음 말을 쓸 때 필요한 자음과 모음을 골라 좋아하는 색으로 연결해 보세요.

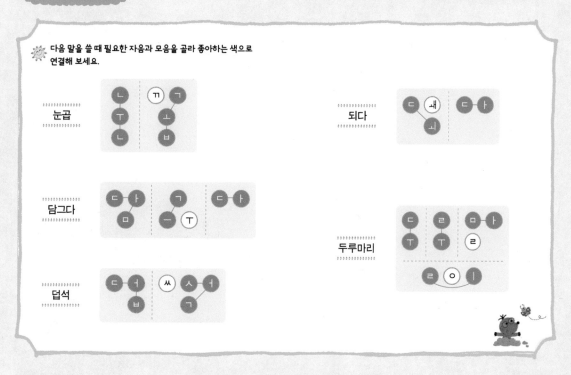

다음 말을 쓸 때 필요한 자음과 모음을 골라 좋아하는 색으로 연결해 보세요.

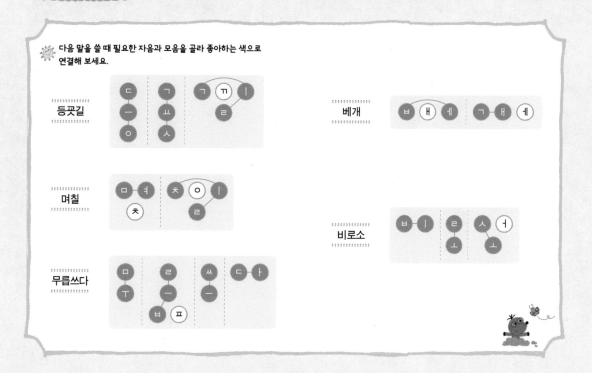

다음 말을 쓸 때 필요한 자음과 모음을 골라 좋아하는 색으로 연결해 보세요.

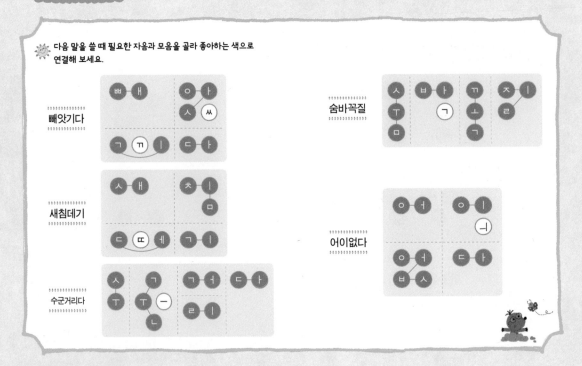

다음 말을 쓸 때 필요한 자음과 모음을 골라 좋아하는 색으로 연결해 보세요.

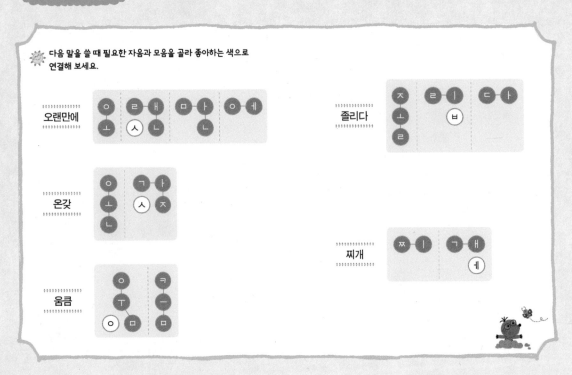